東進

共通テスト実戦問題集

国語〔古文〕

JN091097

別冊

問題編

Question

JAPANESE

東進ブックス

東進

共通テスト実戦問題集
国語〔古文〕

問題編
Question

JAPANESE

東進ハイスクール・東進衛星予備校 講師
栗原隆
KURIHARA Takashi

東進ブックス

目次

東進 共通テスト実戦問題集

第1回

国語〔古文〕

(45点)

注意事項

1 解答用紙に，正しく記入・マークされていない場合は，採点できないことがあります。

2 試験中に問題冊子の印刷不鮮明，ページの落丁・乱丁及び解答用紙の汚れ等に気付いた場合は，手を高く挙げて監督者に知らせなさい。

3 解答は，解答用紙の解答欄にマークしなさい。例えば，［10］と表示のある問いに対して③と解答する場合は，次の（例）のように**解答番号10の解答欄の③にマーク**しなさい。

（例）

解答番号	解　答　欄
10	① ② ● ④ ⑤ ⑥ ⑦ ⑧ ⑨

4 問題冊子の余白等は適宜利用してよいが，どのページも切り離してはいけません。

5 **不正行為について**

① 不正行為に対しては厳正に対処します。

② 不正行為に見えるような行為が見受けられた場合は，監督者がカードを用いて注意します。

③ 不正行為を行った場合は，その時点で受験を取りやめさせ退室させます。

6 試験終了後，問題冊子は持ち帰りなさい。

第1回

【文章Ⅰ】は、『庚子《こうし》道《みち》の記《き》』の一節である。これは、一七二〇年（享保《きょうほう》五年）、名古屋城内に仕えていたある女性が、七年ぶりに江戸の実家に里帰りをした時の旅日記で、この場面はその途次、宇津山《うつのやま》（現在の静岡市と藤枝《ふじえだ》市との境にある宇津谷《うつのや》峠）を越えて丸子《まりこ》（現在の静岡市駿河《するが》区丸子。「鞠子《まりこ》の宿《しゅく》」として知られる）に至る場面である。【文章Ⅱ】【文章Ⅲ】は、【文章Ⅰ】の表現のもととなった先行作品の一節である。【文章Ⅰ】〜【文章Ⅲ】を読んで、後の問い（問1〜5）に答えよ。（配点　45）

【文章Ⅰ】

宇津《うつ》の山越えに修行者《すぎやうざ》ふたりみたりあひたり。A昔物語のけしきにはあらで、馬に乗りて行くなりけり。法師などは、いつも徒歩《かち》にてやつれたらむが、さまよくやさし。この行者どもは肥《こ》えあぶらづきて、つねに精進物《さうじもの》のあしきを食ふとは見えざりけり。彼にそぞろなる文《ふみ》などことづけたらば、物ゆかしがりて、おのれまづひらきても見るらむと思ひやるも罪ふかくや。

山の岨《そは》(注1)にすみれの咲きたるを、

やよすみれ(注2)心にまかす旅ならば一夜は寝なん宇津の山辺に

深山木《みやまぎ》の中に桜の咲きたるを見つけたるは、まことにしるべ得たる心地して、めづらしくもあはれにもぞおぼゆる。ちりて谷川に流るるさま、はためでたし。

雲と見え雪と散り行くはてはまた花の波たつ宇津の山河(注3)

丸子の宿のうしろの山に火のたかく燃ゆれば、うちおどろかれて、「あれはいかに」と問へば、「蕨《わらび》(注4)のため焼くなり」

といらふ。「(注5)ただ春のひに」と思はるるに、(ア)風さへ吹けば、いと心もとなし。

春の野に下もえいそぐ早蕨《さわらび》を(イ)さのみは人の焼かずもあらなん

（『庚子道の記』）

（注）1 岨 —— 崖。急斜面。

2 やよ —— 呼びかけの言葉。

3 雲と見え雪と散り行くはてはまた花の波たつ宇津の山河 —— 「のこりなく散るぞめでたき桜花ありて世の中はての憂《う》ければ」（『古今和歌集』）による。

4 蕨のため焼く —— 山菜の蕨の芽を採るための野焼き。

5 ただ春のひに —— 「焼かずとも草はもえなん春日野《かすがの》はただ春のひに任せたらなん」（『新古今和歌集』）による。

【文章Ⅱ】

行き行きて、駿河の国にいたりぬ。宇津の山にいたりて、わが入らむとする道は、いと暗う細きに、つたかへでは茂り、もの心ぼそく、すずろなるめを見ることと思ふに、修行者あひたり。「かかる道はいかでかいまする」といふを見れば、見し人なりけり。京に、その人の御もとにとて、文書きてつく。

駿河なる宇津の山べのうつつにも夢にも人にあはぬなりけり

（『伊勢物語』）

【文章Ⅲ】

(ウ)おもはむ子を法師になしたらむこそ、心苦しけれ。ただ木の端《はし》などのやうに思ひたるこそ、いといとほしけれ。精進物のいとあしきをうち食ひ、(注1)寝《い》ぬるをも。若きは、物もゆかしからむ。女などのある所をも、などか忌《い》みたるやうに、さしのぞかずもあらむ。それをもやすからずいふ。まいて、験者《げんざ》などは、いと苦しげなめり。困《こう》じてうちねぶれば、「ねぶりをのみして」などもどかる、いところせく、いかにおぼゆらむ。Bこれ昔のことなめり。今はいとやすげなり。

（『枕草子』）

（注） 1　寝ぬるをも —— 法師が眠ったりすることまでをも、世間の人はやかましく言う。

問1 傍線部(ア)〜(ウ)の解釈として最も適当なものを、次の各群の①〜⑤のうちから、それぞれ一つずつ選べ。解答番号は［1］〜［3］。

(ア) 風さへ吹けば、いと心もとなし ［1］

① 春風までも吹くと、野焼きの火なのか、春の日の光なのかまったく判然としない
② 風までも吹いているので、火が燃え広がらないかとても心配である
③ 心地よい風までも吹いているので、とても風情がある
④ せめて春風だけでも吹いてくれると、ひどくみすぼらしいこの宿も落ち着くのだが
⑤ せめてもう少し風が吹いてくれると、焼かないで済むのにと思うと、本当にじれったい

(イ) さのみは人の焼かずもあらなん　2

① 早蕨を、そのように焼いてしまうのだろう
② 頼むから、早蕨だけは焼かないでいておくれ
③ 早蕨を、そうむやみやたらに焼かないでいてほしい
④ 早蕨だけは焼くことは許されない
⑤ 早蕨を、それほど激しく焼いてはならないだろう

(ウ) おもはむ子を法師になしたらむこそ　3

① 今も心配な子を法師にしているとかいうのは
② 心配な子を法師にしているのだろうが
③ 理想的な子を法師にしたような場合は
④ 愛する子を法師にしたとしたら
⑤ 愛する子を法師にしたいと思うのは

問2 【文章Ⅰ】(『庚子道の記』)の傍線部Aの「昔物語」とは、【文章Ⅱ】の『伊勢物語』を指している。『伊勢物語』にも「修行者」が現れるが、『庚子道の記』のそれとはその性格が大きく異なっている。その相違の説明として**適当でないもの**を、次の①～⑤のうちから一つ選べ。解答番号は 4 。

① 『伊勢物語』の修行者は徒歩で峠を越える正真の求道者であるが、『庚子道の記』の修行者は馬に乗っており、本当に修行をしている人物とは思えなかった。

② 『伊勢物語』の修行者は、徒歩で駿河国にまで諸国行脚《あんぎゃ》をしているから壮健な人物だと推測できるが、『庚子道の記』の修行者は法師とは思えぬほど肥え太った体型をした人物であった。

③ 『伊勢物語』の修行者は見知った人でもあり、信頼して手紙を託せるような人物であるが、『庚子道の記』の修行者は手紙を託せば中身を見てしまいそうな怪しげな人物であった。

④ 『伊勢物語』の修行者は、暗く細い山道を一人で行脚していたと思われるが、『庚子道の記』の修行者は、馬の通れるような整備された道を二、三人連れで騎乗して行った。

⑤ 『伊勢物語』の修行者は京で見知った人でもあり、信頼のおける人物であるが、『庚子道の記』の修行者は作者たちに思わせぶりな言葉をかける品のない態度であった。

問3 【文章Ⅲ】の傍線部B「これ昔のことなめり。今はいとやすげなり」の語句や表現に関する説明として最も適当なものを、次の①～⑤のうちから一つ選べ。解答番号は 5 。

① 「これ」は加持祈禱《かじきとう》をする修験者が居眠りをするような情けない事態のことを指している。

② 「な」は断定の助動詞「なり」が撥《はつ》音便となって、撥音が表記されていないものである。

③ 「めり」は伝聞・推定の助動詞であり、作者が聞いた昔話のことをいっている。

④ 「今は」は臨終のことであり、法師が死に臨んで静かな境地に達することをいっている。

⑤ 「なり」は断定の助動詞であり、作者の信念のようなものを強調している。

問4　【文章Ⅰ】（『庚子道の記』）の「修行者・この行者ども」は、【文章Ⅲ】の『枕草子』の「法師・験者」の内容を踏まえたものである。『庚子道の記』と『枕草子』の「法師・修行者」観の相違の説明として、最も適当なものを、次の①～⑤のうちから一つ選べ。解答番号は 6 。

① 『枕草子』の法師とは世間の人にまるで木の端などのように人間の感情など持ちあわせていない冷徹な人間だと思われる存在であったのに、『庚子道の記』の行者たちは太って肌つやがあり、ごく普通の社会生活を送る人間だと思われる。

② 『枕草子』の法師とは肉や魚介類を使わない粗末な食事をし、惰眠をむさぼることもできないほど戒律に縛られる窮屈な境遇であったはずなのに、『庚子道の記』の行者たちは太って色つやがよく、とても戒律を守っているとは思われない。

③ 『枕草子』の法師とは好色を忌み避けるもので、女性などの居場所を避けるどころか、ちょっとした隙にものぞくようなことも戒めたが、『庚子道の記』の行者たちは太って脂ぎっていて、好色な人間だと思われる。

④ 『枕草子』の験者とは加持祈禱をする修験者のことで、眠ることなく祈禱を続けなくてはならず大変過酷な職業であったのだが、『庚子道の記』の行者たちは太って健康的に見えるので、出身階層の高い人間だと思われる。

⑤ 『枕草子』の験者とは加持祈禱をする修験者のことで、世間の評判がその価値を決定しやすい職業であったが、『庚子道の記』の行者たちは太っていて衣服に油のようなものが付着しているので、詐欺を働くような人間だと思われる。

問５　次に掲げるのは、**【文章Ⅰ】**～**【文章Ⅲ】**に関して、生徒たちと教師が交わした授業中の会話である。**【文章Ⅰ】**の『庚子道の記』の解釈として、会話の後に生徒たちから出された発言①～⑥のうち、適当なものを**二つ**選べ。ただし、解答の順序は問わない。解答番号は［7］・［8］。

生徒　『庚子道の記』の作者は、平安時代の『古今和歌集』『伊勢物語』『枕草子』を読んでいたんですね。近世中期の女性の知識・教養の高さには目を見張るものがありますね。

教師　近世の女子教育は主に家庭内で行われるか、お屋敷奉公などを通じて行儀作法などを学ぶことが重視されていたが、武家や上流町人の子女の中には手習いはもちろん、古典文学や諸芸能を学ぶ者もいたよ。

生徒　それにしても、『庚子道の記』は一七二〇年（享保五年）の女性が書いた文章でしょう。平安時代の『伊勢物語』などが読めたのは、近世まで日本語があまり変化しなかったということですよね。

教師　それは違うよ。近世の話し言葉は現代語により近くなっている。『庚子道の記』は、擬古文を用いて叙述されている。これは主に近世の国学者たちが平安時代の仮名文や和歌を模範として作成した文体だ。

生徒　ということは、中世の『新古今和歌集』も擬古文ですよね。当時の話し言葉とは違う。

教師　彼ら・彼女らは、平安時代の言語表現こそが「雅」であるという価値観を持っていて、その語彙・語法を研究し、自分たちの表現に取り入れようとしていたようだ。

①　生徒Ａ――平安文学作品をもとにして、そのパロディーを作ることが行われていたよね。この『庚子道の記』の「宇津の山越えに修行者ふたりみたりあひたり」の部分も、作者が『伊勢物語』のパロディーを精巧に作るために、わざわざ作者が訪れたことのない宇津の山の話を、豊富な知識と見事な擬古文で、机上で創作したものと考えていいよね。

②　生徒Ｂ――それは違うよ。宇津山を越えて丸子の宿に至るまでの行程で、作者は無意識のうちに『伊勢物語』『枕草子』などの一節を思いついて文章を綴《つづ》った。それほど、彼女たちには古典文学的な教養が染みついていたということだよ。この部分も作者がそれと意識しないままで綴り、結果的にそれらの表現と似てしまったということだよ。

③　生徒Ｃ――また、『庚子道の記』の本歌取りの和歌も見事だよ。本歌取りの他にも、擬人法・掛詞《かけことば》などの修辞法も駆使しているよね。和歌の修辞法も相当研究し尽くされていたのだろうね。近世の女性の古典文学における教養は、国学者にも匹敵するものがあったんじゃないか。

④　生徒Ｄ――本歌取りはわかるけれど、掛詞などの修辞法は使っていないよね。本歌をパロディー化することで、ユーモアを出そうとしただけだと思うよ。「俳諧《はいかい》」と通じるものが感じられる。でもちょっと、知識をひけらかすようないやらしさがあるよなあ。国学者たちと違って、分析的な視点の浅さがみえる。

⑤　生徒Ｅ――いいや、そうは思えない。散文の表現も凝っているよね。最後から2行目の「ただ春のひに」とは、『新古今和歌集』の和歌「焼かずとも草はもえなん春日野はただ春のひに任せたらなん」を引いて、「ただ春の日の光に任せておいてほしいものだ」と言いたかったのだろうね。いわゆる「引歌《ひきうた》」というレトリックだよね。

⑥　生徒Ｆ――ちょっと待って。「引歌」は正しいけれど、作者としては「ただ春のひに」と『新古今和歌集』の和歌を引いて、「焼かずとも草はもえなん」の部分を表現したかったんだよ。作者は「野焼きなどせずとも、草はきっと芽吹くだろう」ということを言いたかったと思うよ。

東進　共通テスト実戦問題集

第2回

国語〔古文〕

(45点)

注意事項

1　解答用紙に，正しく記入・マークされていない場合は，採点できないことがあります。

2　試験中に問題冊子の印刷不鮮明，ページの落丁・乱丁及び解答用紙の汚れ等に気付いた場合は，手を高く挙げて監督者に知らせなさい。

3　解答は，解答用紙の解答欄にマークしなさい。例えば，［10］と表示のある問いに対して③と解答する場合は，次の（例）のように**解答番号10の解答欄**の③に**マーク**しなさい。

（例）

解答番号	解答欄
10	① ② ● ④ ⑤ ⑥ ⑦ ⑧ ⑨

4　問題冊子の余白等は適宜利用してよいが，どのページも切り離してはいけません。

5　**不正行為について**

①　不正行為に対しては厳正に対処します。

②　不正行為に見えるような行為が見受けられた場合は，監督者がカードを用いて注意します。

③　不正行為を行った場合は，その時点で受験を取りやめさせ退室させます。

6　試験終了後，問題冊子は持ち帰りなさい。

第2回　次の文章は、建部綾足《たけべあやたり》の読本《よみほん》『西山物語《にしやまものがたり》』の一節である。大森七郎の妹かへと、その同族である八郎の息子宇須美《うすみ》は、互いに愛し合う仲であった。八郎は七郎とかねてからの確執《かくしつ》があり、二人の結婚を認めなかったので、恨みに思った七郎はかへに花嫁衣装を着せたまま、八郎の目前でかへを斬り殺してしまった。それを聞いた宇須美は草庵《そうあん》に隠棲《いんせい》し、ひたすらかへの菩提《ぼだい》を弔うのだった。次の場面はそんなある晩のことである。これを読んで、後の問い（問1～5）に答えよ。（配点　45）

燈《ともしび》また二所《ふたところ》ながら暗くなるに、御経を読みさして立ちてかかげむとすれば、（注1）「火はそのままに照さでよ」といふ声す。さて見れば、白き衣《きぬ》を身にひき纏《まと》ひたる乙女《をとめ》の、頭《かしら》の髪はいと黒くてうつぶしにふしゐたり。

「しかのたまふは誰《た》そや。いと闇《くら》きに」といふに、「A忘れ草の種《たね》をば、早くも御心に蒔《ま》かせたまへるなり」とて、細《ほそ》やかなる頭《かしら》をあげたるを見るより、うつつなく心ぐくまりて、うつせみの世にある人と思ひまどひけるほどに、「Bこはあだしめきたる御ふるまひかな。まづこのほどはいづこにや行きたまひつる。御文も聞こえず」といふに、「さればよ。今住みてはべる国は、穢《けがら》ひのみ多《おほ》くて、人のたよりとてはなきところなれば、心のほかにへだたり参らせしぞ」。

「さるところへは、何しに参りたまひつる」と聞こゆれば、しばしさめざめとうち泣きて、「御辺《あたり》を離れて、何の心をもてか参るべき。兄なりける七郎、我が胸をとらへて、『何事も願《ねがひ》はかなはず。はやくまかでよ』と、氷なす剣《つるぎ》を抜きて、我を追ひはなつほどに、逆様《さかしま》になるとおぼえしが、いと闇き国に出《い》でつる。さてその国のおそろしきことかぎりなし。……（中略）……かかる苦しさは、この国にては見も聞きもせねど、すこしの隙《すげき》にも立ち帰り来て、恋しき人の顔貌《かほかたち》を見る時は、さる苦しさもうち忘れ、またその人の御手より、水をたうべ花をたうべ、あるは恋《こひ》しともゆかしとも、心に思ひ詞《ことば》に述《の》べてたまはるを、影のごとくにつきそひてうけたまはるときは、……（中略）……C苦しさも、この嬉《うれ》しさにひきかへつつ思ひたまへらるれ。もしいつまでもかくあひ見むとおぼさば、(ア)かならず仏《ほとけ》の道に入《い》りて悟《さとり》道《ごころ》にな帰《かへ》したまひそ。たとへ御身を墨染《すみぞめ》になしたまふとも御心だに晴れやらずは、恋しともおぼす御心につきて、いくたびも幻《まぼろし》の中に、ありし姿を見せ奉らむ」といひつつ、寄り添ひぬ。

男いとうれしくて、「さることとも知らで、その暗くおそろしき国に御供も申さず、独りさすらはせ参らせしことのくやしさよ。かくかよひ来たまふにはほども遠かるべし。その時だに知らば御車にても参らせむ。願はくはさるおそろしき国には帰りおはさで、いつまでもここにとどまりたまへ。兄君へはいかやうにもとりなし聞こえ奉らむ」といふに、またうち泣きて、「(イ)さうつつなくおはするを見るにつけて、いといたう悲しくなむ。今聞こえ参らせしごと、日に千《ち》たび夜に百《もも》たび、たとえ御夢のうちにても、恋しとさへおぼしめさば、その御心ぞよき迎《むか》への御車なり。たとへ炎《ほのほ》の中に候《さむら》ふとも、さるたびごとにはあり通《がよ》ひつつ御心に添ひ奉らむ。かへすがへす吾《われ》をめぐしとおぼさば、御心の悟りを開きたまふな。また御心の悟りだちたまふ時は、(ウ)我帰り来べきたよりなし。さる時ぞながき御別れと知りたまへ。さてかく申すうちに、黄泉大王《よみのおほきみ》の待たせたまふとて、泉下《したべ》の使《つかひ》の来《き》たちよばふ声すなり。今は帰りなむ。明日《あす》の夜また人を静《しづま》らせて、ここに待ちたまはば、まよひ来て契《ちぎら》ひ参らすべし」と、すごすごとたちて行くと見れば、煙のやうになむ消え失《う》せけり。

「こはいづこに行くぞ。おそろしき国にはなぞ帰るなる。我あとひて(注2)参らせむ。やよや、待たせたまへ」と、よばひて駆け行かむとするに、見とりゐける嫗《おうな》ども「こは夢見たまふか。いと物ぐるはし」と、つと寄りて袂《たもと》をとるに、さては夢なりしかと思へど思へど、物のまさしかりしに、いとど恋しさのたちまさりて、「かきさぐれども手にも触れねば」と、ひとりごちつつふしけるとなり。

（注） 1 かかげむ――灯心をかき立てようとする。

2 あとひて――連れ立って。

問1　傍線部(ア)～(ウ)の解釈として最も適当なものを、次の各群の①～⑤のうちから、それぞれ一つずつ選べ。解答番号は［1］～［3］。

(ア)　かならず仏の道に入りて悟道にな帰したまひそ　［1］

①　絶対に仏の道になどお入りにならないで、悟りの道になど到達してくださいますな
②　たとえ仏の道に入ったとしても、必ずしも悟りの道になど目指す必要などありませんよ
③　絶対に仏の道にお入りになって、再び悟りの道にお帰りくださいませよ
④　必ずや仏の道に一緒に入って、一緒に悟りの道に帰ってゆきましょうよ
⑤　必ず仏の道に入りますので、悟りの道にお返しくださいませんように

(イ) さうつつなくおはするを 2

① 左右もわからずあてどなく生きていらっしゃるご様子を
② 今にも全てをなげうってしまいそうなご様子を
③ 比類ないほど元気でいらっしゃるご様子を
④ そのように正気も失って正しい判断がおできにならないご様子を
⑤ そうすぐには見捨てておしまいにはなれないご様子を

(ウ) 泉下の使の来たちよばふ声すなり 3

① 黄泉の大王の使者がやって来て、求愛する声がするのです
② 泉に住む天使がやって来て、求愛する声が聞こえるようです
③ 泉に住む天使がやって来て、何度も呼ぶ声がするのです
④ 黄泉の大王の使者がやって来て、何度も呼ぶ声が聞こえるようです
⑤ 地獄で待つ兄の使者がやって来て、何度も呼ぶ声がしています

問2　傍線部Ａ「忘れ草の種をば、早くも御心に蒔かせたまへるなり」の「忘れ草」とは、次の和歌による表現である。

忘れ草なにをか種と思ひしはつれなき人の心なりけり

（『古今和歌集』巻一五　恋歌五　素性法師）

これを参考にすると、ここではどのようなことをいっていると考えられるか、最も適当なものを、次の①～⑤のうちから一つ選べ。解答番号は 4 。

① 声を聞いても私だとお気づきにならないとは、薄情な人の心から生まれるという忘れ草の種子を、あなたはすでに心に播《ま》いておしまいになりましたね。

② 後ろ姿を見ても私だとお気づきにならないとは、どのようなものか誰も知らない忘れ草の種子を、あなたはもともと心に播いておしまいになっていたのですよ。

③ こんなに暗くても私だと気づいてくださるとは、薄情な人の心から生まれるという忘れ草の種子を、あなたは私と逢瀬《おうせ》を交わしたあの頃に、心に播いてくれたのですね。

④ 夢の中でもこうして逢瀬を交わせるのは、どのようなものか誰も知らない忘れ草の種子を、あなたは私と契りを交わした時すでに、心に播いておいたのですね。

⑤ 私がこうしてあなたと再会できるとは、どんな花を咲かせるのかわからないという忘れ草の種子を、あなたは以前にその心に播いておいてくださったのですね。

問３　傍線部Ｂ「こはあだしめきたる御ふるまひかな」とあるが、これは宇須美のどのような心理状態が表現されているか、その説明として最も適当なものを、次の①～⑤のうちから一つ選べ。解答番号は 5 。

① 目前の出来事が信じられず、かへが死んだというのは自分をだますためで、実は姿を隠していたのだと思った。

② 死霊になって自分の前に現れたかへへの恨みの深さに改めて驚愕《きょうがく》し、ただただ慄然《りつぜん》としている。

③ この超常現象は仏が自分を試すためになされたことであるから、臆してはならず、毅然《きぜん》とした態度を示そうと決意した。

④ 眼前の光景が理解できず、これは彼の看病に付いていた老女たちの悪戯《いたずら》ではないかと考え、話を合わせた。

⑤ 白い着物を身にまとった少女を現実の存在だと思い、その不躾《ぶしつけ》な態度に当惑して、彼女に抗議している。

問4 傍線部C「苦しさも、この嬉しさにひきかへつつ思ひたまへらるれ」の語句や表現に関する説明として最も適当なものを、次の①～⑤のうちから一つ選べ。解答番号は 6 。

① この「苦しさ」とは、死んでしまったかへの宇須美に逢えない苦悩のことをいっている。

② 「この嬉しさ」とは、「いと闇き国」という冥界で、かへが仏に水や花を手向けることをいっている。

③ 接続助詞「つつ」は同時進行を表し、苦悩を喜びに変えながらもお互いのことを思い続けていることをいう。

④ この「たまへ」は、謙譲語Ⅱ（丁重語）の補助動詞で、かへから宇須美への敬意を示す。

⑤ 助動詞「らるれ」は尊敬の意味で、「たまへらるれ」で二重尊敬語となって、かへから宇須美への敬意を示す。

問5 次に掲げるのは、問題文に関して、生徒たちと教師が交わした授業中の会話である。問題文の解釈として、会話の後に生徒たちから出された発言①～⑥のうち、**適当でないものを二つ**選べ。ただし、解答の順序は問わない。
解答番号は 7 ・ 8 。

生徒 若い女の幽霊が男と逢瀬を重ねるというモチーフは、怪談の「牡丹灯籠《ぼたんとうろう》」と同じですよね。
教師 浅井了意《あさいりようい》が中国の怪奇小説『剪燈新話《せんとうしんわ》』を翻案した仮名草子《かなぞうし》『御伽婢子《おとぎぼうこ》』の一編だね。
生徒 黄泉の国というのもどこかで見たような気がします。
教師 『古事記《こじき》』の伊邪那岐《いざなぎ》・伊邪那美《いざなみ》の神話も、死んだ愛妻を探しに黄泉の国に行くのだけれど、結局夫が妻の「我を視《み》ることなかれ」という禁忌を破ってしまったがために、永遠の別れを迎える話だよ。
生徒 死んだ女の幽霊と生身の男との、いわば純愛物語ですね。
教師 そう。そして、それは決してこの世で結ばれることはない。

① 生徒A――かへが幽霊として宇須美の前に現れたのは、兄の七郎がかへを冥界から現世に戻してくれたからだね。

② 生徒B――兄の七郎がかへを斬り殺して以来、七郎がどうなったのかは、述べられていないよ。

③ 生徒C――それにしても、かへが「吾をめぐしとおぼさば、御心の悟りを開きたまふな」というところが壮絶だよね。やっぱり、愛は妄執《もうしゅう》なんだね。

④ 生徒D――いいや、「その人の御手より、水をたうべ花をたうべ、あるは恋しともゆかしとも、心に思ひ詞に述べてたまはるを」とは宇須美のかへに対する供養のことだよね。かへは言葉とは裏腹に、きっと宇須美には悟りを開いてほしかったんだよ。

⑤ 生徒E――また、最初のうちは、宇須美の感覚がかへとずれているところが、いっそうリアリティを増しているね。「さるところへは、何しに参りたまひつる」って、真面目に尋ねるものなあ。

⑥ 生徒F――そうそう、「兄君へはいかやうにもとりなし聞こえ奉らむ」というところにも、純朴な宇須美の人物造形が現れているよね。もう何もかも手遅れなのに。

第3回

国語〔古文〕 (45点)

注意事項

1 解答用紙に，正しく記入・マークされていない場合は，採点できないことがあります。

2 試験中に問題冊子の印刷不鮮明，ページの落丁・乱丁及び解答用紙の汚れ等に気付いた場合は，手を高く挙げて監督者に知らせなさい。

3 解答は，解答用紙の解答欄にマークしなさい。例えば，［10］と表示のある問いに対して③と解答する場合は，次の（例）のように**解答番号10の解答欄の③にマーク**しなさい。

（例）

解答番号	解　答　欄
10	① ② ● ④ ⑤ ⑥ ⑦ ⑧ ⑨

4 問題冊子の余白等は適宜利用してよいが，どのページも切り離してはいけません。

5 **不正行為について**

① 不正行為に対しては厳正に対処します。

② 不正行為に見えるような行為が見受けられた場合は，監督者がカードを用いて注意します。

③ 不正行為を行った場合は，その時点で受験を取りやめさせ退室させます。

6 試験終了後，問題冊子は持ち帰りなさい。

第3回

【文章Ⅰ】は、本居宣長《もとおりのりなが》による『源氏物語』の注釈書『紫文要領《しぶんようりょう》』の一節である。ここは、ある人の『源氏物語』に関する疑問点に対して、筆者が答えるという問答体の構成となっている。【文章Ⅱ】（『源氏物語』玉鬘《たまかずら》）・【文章Ⅲ】（『源氏物語』東屋《あずまや》）・【文章Ⅳ】（『源氏物語』須磨《すま》）は、ここで取り上げられている作中人物の大夫《たいふ》の監《げん》（筑紫《つくし》の監《げん》）・常陸《ひたち》の介《すけ》（常陸の守《かみ》）・漁師たち（海人《あま》ども）の人物造形が描写されている『源氏物語』の本文の一節である。【文章Ⅰ】〜【文章Ⅳ】を読んで、後の問い（問1〜5）に答えよ。（配点　45）

【文章Ⅰ】

A 問ひていはく、世の中にありとあることを書くとならば、下々《しもじも》の賤《いや》しき者の上《うへ》をもくはしく書くべきことなるに、ただ上々《うへうへ》のことのみもはら書きて下のことはさのみ見えざるは、いかなるゆゑぞや。

答へていはく、紫式部は中宮に宮仕へして、常に見なれ聞きなれ交《まじ》らふ人もそのことも、みな上々の人の上のみなり。また、みづからの身の上もいたりて下賤の分にはあらず。されば、常に見ること、聞くこと、思ふこと、ことごとく中以上のことにして、下賤のことにあづからず。

また、作るところの物語も中以上の人の見るべきものにして、下賤の者の見るものにあらず。されば、その常に見ること、聞くこと、思ふことの筋《すぢ》にあらざれば、感ずること薄し。よろづのこと、我が身に引き当てて見るときは、ことにもののあはれ深きものなり。

されば、物語は上々の人の見るものなれば、上々のことをもはら書きて、心に感じやすからしめむためなり。たとへば、人の国のことをいふよりは我が国のことをいふは、聞くに耳近く、昔のことをいふよりは今のことをいふは、聞くに耳近きがごとく、常に目に近く耳に近く触《ふ》るることの筋は、感ずることこよなし。この物語のみにもあらず、すべての物語みな同じことなり。

おほかた、昔は歌・物語などもてあそぶことは中以上のことにて、下民《げみん》などのかやうのことにたづさはることさらになし。されば、下々の民などのかけても見るものにてはなかりしなり。しかるに、(注1)次第に世の中文華《ぶんくわ》になりて、近頃にいたりては下が下までかやうの物語など見るやうにはなれるなり。さて、今の世のその心をもて見るゆゑに、下々のことを書かぬを怪《あや》しく思ふも、(注2)その時の風儀《ふうぎ》を知らぬゆゑなり。

かの(注3)筑紫の監がむくつけかりし有様《ありさま》、また、(注4)浮舟の君の継父《ままちち》の(注5)常陸の守があららかに田舎《ゐなか》びたりしことなどを思へば、ましてそれより下にはいかでかは見所《みどころ》あることのあらん。(注6)須磨の巻に、海人《あま》どもの身の上のことを憂《うれ》へ申すを聞き給ひて、源氏の君の心に、(注7)「そこはかとなくさへづるも、心の行方《ゆくへ》は同じことなるかなとあはれに見給ふ」とあるをもて、下々のことのはるかに遠きを知るべし。同じ人類とも見えぬまで変はりたる書き様なり。

(『紫文要領』)

(注) 1 次第に世の中文華になりて —— 次第に世の中全体が文化的になっていったということ。

2 その時の風儀 —— その物語が成立した時代の風俗・文化。

3 筑紫の監 —— 大夫の監(五位の位階を持つ、大宰府《だざいふ》の三等官)。肥後《ひご》国の豪族。都から来た高貴で美しい姫(玉鬘)の噂を聞きつけ、玉鬘に求婚する。

4　浮舟の君――『源氏物語』宇治《うじ》十《じゆう》帖《じよう》に登場する女主人公。女房であった中将の君と八の宮との間の娘だが、八の宮に認知されず、常陸の介と再婚した母とともに東国で育った。

5　常陸の守――常陸の介（常陸国の受領《ずりよう》。常陸は親王任国なので「介」が受領）。それ以前には陸奥《むつ》守であり、地方での赴任期間が長かった。

6　須磨の巻――ある問題によって、二六歳の源氏は官爵も奪われ、政治的に追いつめられていた。そのため、源氏はみずから須磨への退去を決意し、そこで寂しい日々を送っていた。

7　そこはかとなくさへづるも――源氏には、須磨の漁師たちの話す言葉が訛《なま》っていて聞き取れず、まるで鳥のさえずりのように聞こえた。

【文章Ⅱ】

大夫の監とて、肥後の国に族《ぞう》広くて、(ア)かしこにつけてはおぼえあり、勢ひいかめしき士《つはもの》ありけり。むくつけき心のなかに、いささか好《す》きたる心混じりて、容貌《かたち》ある女を集めて見むと思ひける。

（『源氏物語』玉鬘）

【文章Ⅲ】

守も卑しき人にはあらざりけり。上達部《かんだちめ》の筋《すぢ》にて、仲らひもものきたなき人ならず、(イ)徳いかめしうなどあれば、ほどほどにつけては思ひ上がりて、家の内もきらきらしく、ものきよげに住みなし、事《こと》好みしたるほどよりは、あやしう荒らかに田舎びたる心ぞつきたりける。B若うより、さる東《あづま》の方《かた》の、遥《はる》かなる世界に埋《うづ》もれて年経《へ》ければにや、声などほとほとうちゆがみぬべく、ものうち言ふ、すこしたみたるやうにて、豪家《かうけ》(注1)のあたり恐ろしくわづらはしきものに憚《はばか》り懼《お》ぢ、すべていとまたく隙間《すきま》なき心もあり。

(『源氏物語』東屋)

(注) 1 豪家のあたり恐ろしくわづらはしきものに憚り懼ぢ —— 受領階層である常陸の介は、権力を持つ中央の権門に対しては、媚《こ》びへつらい、恐れていた。

【文章Ⅳ】

海人ども漁《あさ》りして、貝《かひ》つ物(注1)持て参れるを、召し出でて御覧ず。浦に年経るさまなど問(注2)はせたまふに、さまざま安げなき身の愁へを申す。そこはかとなくさへづるも、心の行方は同じこと、何か異なると、あはれに見たまふ。(ウ)御衣《おんぞ》どもなどかづけさせたまふを、生けるかひありと思へり。

(『源氏物語』須磨)

(注) 1 貝つ物持て参れるを —— 漁師たちは漁をして、貝の類を持って、源氏の前に参上していた。

2 問はせたまふに —— この「せ」は使役の意味。源氏は従者を仲介にして漁師たちと言葉を交わした。

問１ 傍線部(ア)〜(ウ)の解釈として最も適当なものを、次の各群の①〜⑤のうちから、それぞれ一つずつ選べ。解答番号は［１］〜［３］。

(ア) かしこにつけてはおぼえあり ［１］

① 賢さにおいては定評があって
② その賢さは記憶力から生まれるものであり
③ 肥後国では声望があり
④ 肥後国のことは多少覚えていて
⑤ 大夫の監については悪評があり

(イ) 徳いかめしうなどあれば ［２］

① 人徳は鳴り響いていて
② 謹厳実直であったりするので
③ 美点はいかつい体形だけであるから
④ 利益も膨大に見込めるので
⑤ 財産も仰山《ぎようさん》なほどに持っているので

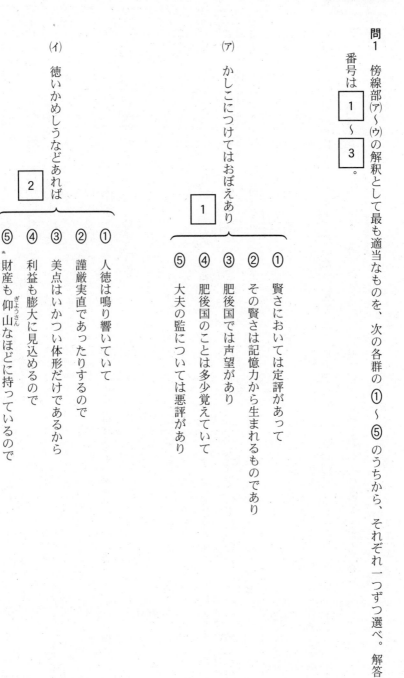

(ウ) 御衣どもなどかづけさせたまふを 3

① お召物を片付けさせなさり
② お召物などを褒美としてお与えになり
③ お召物などを傍《そば》におかけになり
④ お召物などを褒美にいただいたり
⑤ お召物などを水にお浸しになり

問２　【文章Ⅰ】の傍線部Ａ「ただ上々のことのみもはら書きて下のことはさのみ見えざるは、いかなるゆゑぞや」はある人の質問であるが、これに対する本居宣長の回答として最も適当なものを、次の①～⑤のうちから一つ選べ。
解答番号は［４］。

①　下層階級は同じ人類とは思えないほど異質だったので、紫式部にとって下層階級は近寄りがたく恐ろしい存在だったからである。

②　紫式部は中宮《ちゅうぐう》藤原《ふじわらの》彰《しょう》子《し》に女房として宮仕えしている関係上、下層階級の話題を書くという行為そのものが禁忌だったからである。

③　そのような疑問が生ずること自体が、『源氏物語』が生まれた時代の文化と、その読者の階層について考えていないからである。

④　人間は外国よりは母国のことを、昔よりは現代のことを好むので、現代の下層階級には紫式部の言葉を理解できないからである。

⑤　昔は歌・物語などを享受するのは中流階層以上なので、下層階級出身の紫式部は自分の出身階層のことを恥じていたからである。

問3 【文章Ⅲ】の傍線部Bの「若うより、さる東の方の、遥かなる世界に埋もれて年経ければにや、声などほとほとうちゆがみぬべく、ものうち言ふ、すこしたみたるやうにて」の語句や表現に関する説明として最も適当なものを、次の①～⑤のうちから一つ選べ。解答番号は 5 。

① 「若うより」は「うちゆがみぬべく」にかかっており、常陸の介は幼い頃から人格に問題があったことを述べている。
② 「東の方の」は「声」にかかっており、東国方言のことを述べている。
③ 「にや」の下に「あらむ」の省略があり、「若うより、さる東の方の、遥かなる世界に埋もれて年経ければにや」が挿入箇所であることを示している。
④ 「ほとほと」は「うち言ふ」にかかっており、常陸の介が無口なことを表現している。
⑤ 「すこしたみたるやうにて」は、常陸の介が庶民のような話し方をすることを揶揄《やゆ》している表現である。

問4 『源氏物語』の登場人物である「大夫の監（筑紫の監）」・「常陸の介（常陸の守）」・「漁師たち（海人ども）」についての説明として最も適当なものを、次の①～⑤のうちから一つ選べ。解答番号は 6 。

① 大夫の監は、自分の醜貌を気にしていて、せめて美女を集めてその美貌をだけでも眺めたいと思っていた。
② 常陸の介は、出身階層は低かったが、有力者に取り入ることで財を築き、呆《あき》れるほどの資産を持っていた。
③ 常陸の介は、風流人を気取るような人間を毛嫌いしていて、粗野で田舎じみたところを隠すこともなかった。
④ 須磨の漁師たちは自分たちの暮らしを、過酷で苦しいものとも認識しておらず、民謡を陽気に歌っていた。
⑤ 宣長の価値観では、地方豪族の大夫の監も、公卿《くぎょう》の血筋をひく常陸の介も下層階級に位置付けられていた。

問5　次に掲げるのは、【文章Ⅰ】～【文章Ⅳ】に関して、生徒たちと教師が交わした授業中の会話である。【文章Ⅰ】～【文章Ⅳ】の解釈として、会話の後に生徒たちから出された発言①～⑥のうち、**適当でないものを二つ**選べ。ただし、解答の順序は問わない。解答番号は［7］・［8］。

生徒　紫式部の出身階層はどのようなものだったのですか。

教師　紫式部の父藤原為時《ためとき》は、漢詩人としても知られていたが、官途には恵まれなかった。いわゆる受領階層で、越前《えちぜん》守や越後《えちご》守などの地方官を歴任した。少女時代の紫式部も越前守となった父と北陸に下り、そこで一、二年過ごしたというよ。

生徒　ということは、紫式部も貴族としては上流ではなかったんですね。

教師　紫式部が三〇歳頃、一条天皇の中宮藤原彰子に女房として仕えたのは君たちも知っての通りだ。

生徒　では、本居宣長の出身階層はどのようなものだったのですか。

教師　宣長も伊勢《いせ》松坂《まつさか》（三重県松阪市）の木綿問屋に生まれたが、医師を志して京都に遊学し、二八歳の頃故郷に帰り医者となった。その後、生涯のほとんどを松坂で過ごしたらしい。

① 生徒A――紫式部も本居宣長も、物語と関与するような人は中流階層以上の人であって、はじめから下層階級のことなど考えてはいないということではないか。出身階層がそのまま文化的レベルと比例していると考えているんだ。宣長の主張は、出身階層の教養格差だね。

② 生徒B――でも、常陸の介は「上達部の筋にて」とあるよ。出身階層は高いってことだよね。宣長のいう「下々の民」というのは出身階層だけではないのではないかな。その人の生育した土地がどれほど都から離れているかだよ。肥後・常陸・須磨という地理的な環境も「下々の民」を決める要素だよ。

③ 生徒C――紫式部も北陸で一、二年過ごしたというし、宣長も伊勢松坂生まれで、生涯のほとんどを松坂で過ごしたという。そんな二人だからやはり地理的な環境はここでは考慮していないんじゃないかなあ。だって、それでは自分たちも「下々の民」という概念に相当してしまう。

④ 生徒D――ちょっと待って。物語を生み出す作者と、それを享受する読者に分けて考えた方がいいんじゃないかな。作者の紫式部は「みづからの身の上も……中以上」で、「上々の人」の生活する環境の中で『源氏物語』を創作した。同時代ではそれを解釈し、鑑賞する読者層も作者に近い環境で生きる人々だったのではないかな。

⑤ 生徒E――なるほど、つまり「中宮に宮仕へして、常に見なれ聞きなれ交らふ人」たちが読者層となるわけで、彼ら彼女らは都で生まれ、都で暮らし、中宮に仕える程度の教養を有している人たちと考えられるね。つまり、同時代の作者と読者の心理的距離も物理的距離もとても近いということになるね。

⑥ 生徒F――それに比べて、宣長の時代の『源氏物語』の読者は、その社会階層も広がり、平安貴族とはまったく異なる環境に暮らしている。だから、『源氏物語』を解釈するためには、平安時代の風俗を理解しなければ

ならないわけだ。すると、宣長の主張は、出身階層の教養格差ではなくて作者と読者のおかれた世界そのものの相違が解釈の難しさに繋《つな》がるってことかな。

東進　共通テスト実戦問題集

第4回

国語〔古文〕　(45点)

注意事項

1　解答用紙に，正しく記入・マークされていない場合は，採点できないことがあります。

2　試験中に問題冊子の印刷不鮮明，ページの落丁・乱丁及び解答用紙の汚れ等に気付いた場合は，手を高く挙げて監督者に知らせなさい。

3　解答は，解答用紙の解答欄にマークしなさい。例えば，10 と表示のある問いに対して③と解答する場合は，次の（例）のように**解答番号10の解答欄の③にマーク**しなさい。

（例）

解答番号	解答欄
10	① ② ● ④ ⑤ ⑥ ⑦ ⑧ ⑨

4　問題冊子の余白等は適宜利用してよいが，どのページも切り離してはいけません。

5　**不正行為について**

①　不正行為に対しては厳正に対処します。

②　不正行為に見えるような行為が見受けられた場合は，監督者がカードを用いて注意します。

③　不正行為を行った場合は，その時点で受験を取りやめさせ退室させます。

6　試験終了後，問題冊子は持ち帰りなさい。

第4回

【文章Ⅰ】は、一九一〇年（明治四三年）に芥川龍《あくたがわりゅう》之《の》介《すけ》が著した評論『木《き》曾《そ》義仲論《よしなかろん》』の一節である。ここには、木曽義仲の栄光と転落について述べられているのだが、その典拠としているのが、【文章Ⅱ】の『平家物語』巻八「鼓判官《つづみほうがん》」の一節である。【文章Ⅰ】と【文章Ⅱ】を読んで、後の問い（問1〜5）に答えよ。（配点　45）

【文章Ⅰ】

然《しか》り、彼は成功と共に失敗を得たり。彼が粟津《あはづ》(注1)の敗死は既に彼が、懸軍長駆《けんぐんちやうく》(注2)、白旗《しらはた》(注3)をひるがへして洛陽《らくやう》(注4)に入れるの日に兆《きざ》したり。彼は、其の勃々《ぼつぼつ》(注5)たる青雲の念をして満足せしむると同時に、彼の位置の頗《すこぶ》る危険なるを感ぜざる能《あた》はざりき。彼は北方の強たる革命軍を率《ひき》ゐて洛陽に入れり、而《しか》うして、洛陽は、彼等が住すべきの地にはあらざりき。剣と酒とを愛する北国の健児は、其の兵糧《ひやうらう》の窮乏を感ずると共に、直《ただち》に市邑《しいふ》村落を掠略《りやうりやく》したり。彼等のなす所は飽く迄《まで》も直截《ちよくせつ》にして、且《かつ》飽く迄も乱暴なりき。彼等は、馬を青田《あをた》に放つて秣《まくさか》ふを憚《はばか》らざりき。彼等は伽藍《がらん》を壊《こぼ》ちて、薪《たきぎ》とするを恐れざりき。

彼等は、A彼等の野性を以て、典例《てんれい》(注6)と儀格《ぎかく》とを重《おも》んずる京洛の人心をして聳動《しようどう》せしめたり。而して天下は、彼等を指して「平氏にも劣りたる源氏なり」と嘲笑したり。是《これ》、実に彼が入洛と共に、蒙《かうむ》りたる第一の打撃なりき。しかも独り彼等の狼藉《らうぜき》に止らず、悍馬《かんば》に跨《また》がり長槍《ながやり》を横《よこた》へ、囲《かこみ》を潰し将を斬るの外に、春雨(注7)に対して雲和《うんわ》を弾ずるの風流をも、秋月を仰いで洞簫《どうせう》を吹くの韻事をも解せざりし彼等は、彼等が至る所に演じたる滑稽と無作法とによつて、B京洛の反感と冷笑とを購《あがな》ひ得たり。

（芥川龍之介『木曾義仲論』）

（注）1 粟津の敗死――木曾義仲は一一八四年（寿永《じゆえい》三年）一月二〇日、近江国《おうみ》粟津で敗死した（享年三一歳）。
2 懸軍長駆――軍馬を走らせて、後方の連絡なく遠く敵地に入り込む。義仲の上洛は一一八三年（寿永二年）七月二八日であった。
3 白旗――源氏の旗。平氏が赤旗を用いたのに対する。
4 洛陽――京都の異称。
5 勃々たる青雲の念――盛んな立身出世したいという希望の念。
6 典例と儀格――故実《こじつ》に基づく儀式や格式。
7 春雨に対して雲和を弾ずるの風流をも、秋月を仰いで洞簫を吹くの韻事をも――雲和は琵琶《びわ》、洞簫は尺八のこと。

【文章Ⅱ】

凡《およ》そ京中《きやうぢゆう》には源氏満ち満ちて在々所々《ざいざいしよしよ》に入り取り(注1)多し。賀茂《かも》(注2)、八幡《はちまん》の御領《ごりやう》ともいはず青田を刈りて秣《まくさ》にす。人の倉をうち開けて物を取り、持つてとほる物を奪ひ取り、衣裳《いしやう》を剥《は》ぎ取る。「平家の都におはせし時は、六波羅殿《ろくはらどの》(注3)とて、ただおほかた恐ろしかりしばかりなり。衣裳を剥ぐまではなかりしものを。平家に源氏替《か》へ劣りしたり」とぞ人申しける。

木曾の左馬頭《さまのかみ》のもとへ、法皇《ほふわう》(注4)より御使《おつかひ》あり。「狼藉鎮めよ」と仰せ下さる。御使は壱岐守知親《いきのかみともちか》が子に壱岐判官《はうぐわん》知康《ともやす》といふ者なり。天下にすぐれたる鼓《つづみ》の上手《じやうず》でありければ、時《とき》の人鼓判官《つづみはうぐわん》とぞ申しける。木曽対面して、まづ御返事《おんぺんじ》をば申さで、「そもそも和殿《わとの》を鼓判官といふは、よろづの人に(注5)打たれたうたか、張られたうたか」とぞ問うたりける。知康返事に及ばず、院《ゐん》の御所に帰り参つて、「(ア)義仲をこの者にて候ふ。只今《ただいま》C朝敵《てうてき》になり候ひなんず。急ぎ追討《ついたう》せさせ給へ」と申しければ、法皇、(イ)さらばしかるべき武士にも仰せ付けられずして、(注6)山の座主《ざす》、寺の長吏《ちやうり》に仰せられて、山、三井寺の悪僧どもを召されけり。公卿《くぎやう》・殿上人《てんじやうびと》の召されける勢《せい》と申すは、(注7)向礫《むかへつぶて》、印地《いんぢ》、いふかひなき辻冠者《つじくわじや》ばら、乞食法師《こつじきぼふし》どもなりけり。

木曽左馬頭、院の御気色《ごきしよく》悪しうなると聞こえしかば、始めは木曽に従うたりける五畿内の兵《つはもの》ども、皆背いて院方へ参る。(注8)信濃源氏村上《しなのげんじむらかみ》の三郎判官代、これも木曽を背いて法皇へ参りけり。(注9)今井四郎申しけるは、「これこそ以ての外の御大事で候へ。さればとて(注10)十善帝王に向かひ参らせて、(ウ)いかでか御合戦候ふべき。甲《かぶと》を脱ぎ弓を外《はづ》いて降人《かうにん》に参らせ給へ」と申せば、木曽大《おほ》きに怒つて、「我信濃を出でし時、(注11)麻績《をみ》、会田《あひだ》の戦《いくさ》より始めて、北国には砥浪山《となみやま》、黒坂《くろさか》、篠原《しのはら》、西国には福隆寺縄手《ふくりゆうじなはて》、篠《ささ》の迫《せまり》、板倉《いたくら》が城を責めしかども、いまだ敵に後を見せず。たとひたとひ十善帝王にてましますとも甲を脱ぎ弓を外いて降人にはえこそ参るまじけれ。たとへば都の守護してあらむ者が、馬一疋《ぴき》づつ飼《か》うて乗らざるべきか。いくらもある田ども刈らせて秣にせんを、あながちに法皇の咎《とが》め給ふべきやうやある。兵糧米もなければ、冠者ばらどもが、片辺《ほと》りについて、時々入り取りせんは、何かあながちひがことならむ。大臣家や宮々の御所へも参らばこそひがことならめ。これは鼓判官が(注12)凶害《きようがい》とおぼゆるぞ。その鼓めうち破つて捨てよ。今度は義仲が最後の軍《いくさ》にてあらんずるぞ。頼朝が返《かへ》り聞かんところもあり。軍ようせよ、者ども」とて打つたちけり。北国の勢ども、皆落ち下つて、わづかに六七千騎ぞありける。

（『平家物語』巻八「鼓判官」）

（注）
1 入り取り――人家に侵入して収奪する。
2 賀茂、八幡の御領――賀茂神社、石清水《いわしみず》八幡宮《はちまんぐう》の御領地。
3 六波羅殿――平家一門のこと。
4 法皇――後白河法皇《ごしらかわほうおう》のこと。
5 打たれたうたか、張られたうたか――「打たれたまひたるか、張られたまひたるか」が転じたもの。義仲は木曽で成長したので言葉に訛《なま》りが出る時がある。
6 山の座主、寺の長吏――比叡山延暦寺《ひえいざんえんりゃくじ》の天台座主《てんだいざす》と三井寺《みいでら》（園城寺《おんじょうじ》）の長吏《ちょうり》。
7 向礫、印地、いふかひなき辻冠者ばら、乞食法師ども――小石を投げて戦う下賤な者ども、身分の低い無頼の青年たち、僧形をした無法者ども。
8 信濃源氏村上の三郎判官代――信濃源氏の村上基国《もとくに》。
9 今井四郎――木曽義仲の乳母子《めのとご》で腹心の部下。
10 十善帝王――ここは後白河法皇のこと。
11 麻績、会田の戦より始めて、北国には砥浪山、黒坂、篠原、西国には福隆寺縄手、篠の迫、板倉が城を責めしかども――いずれも木曽義仲が経てきた合戦の地。
12 凶害――他人を亡き者とせんとする謀略。

問1 傍線部(ア)〜(ウ)の解釈として最も適当なものを、次の各群の①〜⑤のうちから、それぞれ一つずつ選べ。解答番号は 1 〜 3 。

(ア) 義仲をこの者にて候ふ 1

① 義仲をこのような田舎者とお思いください
② 義仲をこの程度の男とお思いください
③ 義仲とはこのような無礼者でございます
④ 義仲は大変に怒っております
⑤ 義仲は愚か者でございます

(イ) さらばしかるべき武士にも仰せ付けられずして 2

① 追討なさるのならば、それにふさわしい武士にも仰せ付けなさるのが適当なのに、それもなさらずに
② 追討なさるのならば仕方がないが、そうではなく、武士にも仰せ付けなさることもなさらずに
③ 退却なさるのならば仕方がないが、そうではなく、武士に追討を命じなさることもないから
④ 義仲と決別して、裏切ることのなさそうな武士にも仰せ付けなさることもないままで
⑤ 義仲と決別して、それと同格の武士にも仰せ付けなさることもないままで

(ウ) いかでか御合戦候ふべき 3

① どのように戦いなさればよいのでしょうか
② なんとかして戦いに持ち込むのがよいでしょうよ
③ 戦いなさってはなりません
④ どうやって戦いが成立しましょうか
⑤ どうやっても戦うことは不可能でしょうか

問２ 傍線部Ａ「彼等の野性」とあるが、その具体的な行為の表現の仕方には【文章Ⅰ】と【文章Ⅱ】に若干の違いがある。その説明として最も適当なものを、次の①～⑤のうちから一つ選べ。解答番号は［４］。

① 【文章Ⅰ】は兵糧の窮乏のため、兵士たちは民間人から略奪したことになっているが、【文章Ⅱ】では略奪の対象が大臣家と皇族に限定されている。

② 【文章Ⅰ】では薪炭のための兵士たちの破壊活動の対象は大寺院の建物に限定されているが、【文章Ⅱ】では大臣家と皇族の邸宅もその対象に含まれている。

③ 馬の飼料のために兵士たちが青田を刈ったことは【文章Ⅰ】【文章Ⅱ】ともに共通しているが、【文章Ⅱ】では、その対象が賀茂神社、石清水八幡宮の御領地に限定されている。

④ 【文章Ⅰ】では兵士たちが薪炭のために寺院の建物を破壊したことが述べられているが、【文章Ⅱ】には薪炭のための破壊活動の具体的な行為は述べられていない。

⑤ 【文章Ⅰ】【文章Ⅱ】ともに、兵糧・馬の飼料のため民間人から略奪したことは共通して述べられていて、特に通行人から衣装を剥ぐ追剥《おいはぎ》行為が特筆される点も同様である。

問3　傍線部B「京洛の反感と冷笑とを購ひ得たり」とあるが、その原因はどのようなところにあったのか。その説明として最も適当なものを、次の①～⑤のうちから一つ選べ。解答番号は 5 。

① 管絃等の芸術にいささかの価値をも見出せず、ただ戦闘のためになら民間人から略奪することにもなんらのためらいを見せないような木曽義仲の軍団の価値観が、都人の美意識から大きく乖離《かいり》していたから。

② 都人の恐怖と怒りにいささかも気づけず、ただ木曽義仲のためになら法皇の命にも従わないという東国武士の価値観が、都人の良識から大きく乖離していたから。

③ 木曽義仲の気の利いた冗談にもまったく反応せず、ただ伝統的儀礼制度にがんじがらめになっている鼓判官をはじめとする平安貴族の美意識が、木曽義仲ら東国武士たちの現実的価値観から大きく乖離していたから。

④ 場を和ませるためであった木曽義仲の気配りに気づくこともなく激怒して、ただ出自・階層によって東国武士を蔑視するような鼓判官をはじめとする平安貴族の階級意識が、木曽義仲ら東国武士たちの自由な価値観から大きく乖離していたから。

⑤ 管絃等の芸術にまったく価値を見出せず、ただ戦闘のためになら手段を選ばないという木曽義仲ら青年の新しい価値観が、後白河法皇をはじめとする都人の古い伝統的な価値観から大きく乖離していたから。

問４ 傍線部Ｃ「朝敵になり候ひなんず」の語句や表現に関する説明として**適当でないもの**を、次の①～⑤のうちから一つ選べ。解答番号は［６］。

① 助詞は一語である。
② 助動詞は二語である。
③ 未然形の活用語は二語ある。
④ 丁寧語の補助動詞が用いられている。
⑤ 敬語は、知康から後白河法皇に対する敬意を表している。

問5　次に掲げるのは、【文章Ⅰ】【文章Ⅱ】に関して、生徒たちと教師が交わした授業中の会話である。会話の後に生徒たちから出された発言①〜⑥のうち、適当なものを**二つ**選べ。ただし、解答の順序は問わない。解答番号は［7］・［8］。

教師　一九一〇年（明治四三年）にこの『木曾義仲論』という評論を著した時、芥川龍之介は東京府立第三中学校に在学中だったんだ。

生徒　えっ、中学生だったんですか。

教師　もちろん、旧制中学だから今の高等学校にあたる。でも、この時芥川龍之介は満一八歳だよ。

生徒　やっぱり、天才は違う。一八歳でこんな古文で評論を書けちゃうんだもの。

教師　さて、この文体のことだけれど、これは「普通文」と呼ばれる文体なんだよ。普通文は、明治時代から大正時代初期にかけて、広く一般に使われた漢字仮名まじりの文語文、つまり書き言葉で、和文体・漢文訓読体などを融合したものだ。

生徒　じゃあ、芥川龍之介だけでなく、当時の中学生はみんなこんな文を書いていたんですか。

教師　いいや、そうでもない。「言文一致《げんぶんいっち》運動」のおかげで、「普通文」も大正時代に入ると口語体にとって代わられるんだ。普通の生徒は口語体で文を綴《つづ》っていただろうね。それに、芥川龍之介もほとんどの作品は口語体で発表しているね。

① 生徒Ａ――「言文一致運動」というと、確か二葉亭四迷《ふたばていしめい》・山田美妙《やまだびみょう》・樋口一葉《ひぐちいちよう》らが起こした文体革新運動でしたっけ。

② 生徒Ｂ――それは違うよ。樋口一葉は雅俗折衷《がぞくせっちゅう》の文体で『舞姫《まいひめ》』などを著したと記憶しているよ。

③ 生徒Ｃ――じゃあ、『平家物語』の文体はどうかな。確か、和文と漢文との両方の要素が混合した文章を「和漢混淆文《こんこう》」というのではなかったかな。

④ 生徒Ｄ――この**【文章Ⅱ】**は、会話文も多く、和文体の要素が強いようだけどね。平安時代の文体と違って、音便が多い気がする。ええと、促《そく》音便・ウ音便はあるけど、イ音便は出てきていないようだね。

⑤ 生徒Ｅ――芥川は木曽義仲のことを同情的にみている。京都に凱旋《がいせん》した時にすでに自分の運命を感じていたなどと感性の鋭い人間として描いているね。

⑥ 生徒Ｆ――それに引きかえ、『平家物語』の木曽義仲はさんざんな愚か者だね。「いまだ敵に後を見せず」とか「その鼓めうち破つて捨てよ」とか、まったく思慮がない田舎の猪《いのしし》武者だ。

東進　共通テスト実戦問題集

第5回

国　語〔古　文〕　（45点）

注　意　事　項

1　解答用紙に，正しく記入・マークされていない場合は，採点できないことがあります。

2　試験中に問題冊子の印刷不鮮明，ページの落丁・乱丁及び解答用紙の汚れ等に気付いた場合は，手を高く挙げて監督者に知らせなさい。

3　解答は，解答用紙の解答欄にマークしなさい。例えば，［10］と表示のある問いに対して③と解答する場合は，次の（例）のように**解答番号10の解答欄の③にマーク**しなさい。

（例）

解答番号	解　答　欄
10	①　②　●　④　⑤　⑥　⑦　⑧　⑨

4　問題冊子の余白等は適宜利用してよいが，どのページも切り離してはいけません。

5　**不正行為について**

①　不正行為に対しては厳正に対処します。

②　不正行為に見えるような行為が見受けられた場合は，監督者がカードを用いて注意します。

③　不正行為を行った場合は，その時点で受験を取りやめさせ退室させます。

6　試験終了後，問題冊子は持ち帰りなさい。

第5回

次の【文章Ⅰ】は、『狭衣《さごろも》物語』の一節である。

関白の子息で二位の中将狭衣は身分を明かさず、女君のもとに通っていた。ところが、その女君は乳母《めのと》にだまされ、道成《みちなり》（＝狭衣の乳母子《めのとご》）に与えられることとなり、女君は狭衣の子を妊娠したまま、筑紫《つくし》行きの船に乗せられてしまう。

女君の素性を知らない道成は船上で言い寄ってくるが、それを頑として拒む女君であった。しかし、道成に、狭衣から餞別《せんべつ》として下賜されたという扇を見せられた女君は全てを悟る。女君は狭衣との愛をつらぬくために瀬戸内海に身を投げて死ぬことを決意し、その扇に和歌を書き残してついに身を投じてしまったようだという。

一方、大納言大将に昇進していた狭衣は、京で女君入水《じゅすい》の噂を聞き、ただ煩悶《はんもん》するばかりであった。この後、筑紫から上京した道成が狭衣邸に参上して、伴っていた女が入水した経緯を狭衣に語る。この時、道成は死んだ女が狭衣の愛人であったことに気づいてはいなかった。

これを読んで、後の問い（問1～5）に答えよ（なお、途中本文を省略した箇所がある）。（配点　45）

【文章Ⅰ】

さらば、まことなりけりと思すに、気色も変るらんかしとおぼゆるまでいみじきを、(ア)つれなうもてなしたまひて、「げにおぼろけならず心ふかかりける人かな。かへりては、疎ましうこそおぼゆれ」など、(注1)言少なにて入りたまひぬ。

「折(注2)ふしも心づきなかりし物忌《ものいみ》や。夢(注3)語りのついでには、おのづから問ひあはせもしてまし。さばかりかまへ言ひ契りけん気色を、むげに知らざりけんよ。いかに言ひてか、その暁出でけん」など、その折のおぼつかなさもいとどしきに、……（中略）……、くちをしう思さるることかぎりなし。さ(注4)まざまにかかりける人々いたづらになしけるも、昔の世の契り、心憂く思し続けられて袖のひまなく、それと知りてしたることにはあらねど、人しもこそあれ、かかるわざをして我が心にいとかく思はするも、罪重き心地して、A過ぎにし方のやうには思すまじかりけり。

またの日、「そのありけん扇を、『風(注5)に伝へよ』とあらんも、ゆかしう」などのたまはせたれば、持て参りて、「これは、B長き世の形見と思うたまふれば、返したまはりなん」と申せば、つひにつれなくて、「聞くやうならば、あながちにしのばでありぬべかなり。もし、せ(注6)めて有心に言ひなさるるか」とのたまへば、いみじき誓言《ちかごと》どもを立てて、「生(注7)けてみむと思はばと契りわび侍りしかば、返す返すまろ寝にてのみこそ扱ひ侍りしか。いかばかり思ひ嘆きて、さ(注8)るあさましきことを思ひたまへけんとぞ、今に思ひたまへ出でらるるよ」と、まめやかに恨むるを聞くは、(イ)胸少しあきたまひけり。

出(注9)でぬる名残も端つ方にてながめ臥《ふ》したまへるに、空いたう霞《かす》みわたりて、月の光も少し朧《おぼろ》なるを、涙にくもるにや。人々まかでなどして、この扇のとくゆかしければ、端つかたにて月にあてていそぎ見たまふに、違(注10)ふことなきに、目もきりふたがりて、(ウ)はかばかしうも見とかれたまはず。げに洗ひやる涙のけしきしるく、あるかなきかなる所々、たどりつつ見ときたまふままに、いまはとて落ち入りけんありさま、心の中《うち》見る心地して、悲しなど言ふも世の常なり。

（『狭衣物語』）

（注）
1 言少なにて入りたまひぬ――言葉少なで奥の部屋へお入りになってしまった。
2 折ふしも心づきなかりし物忌や――女君が失踪した頃、狭衣は物忌で外出できなかった。
3 夢語りのついでには、おのづから問ひあはせもしてまし――その後、狭衣は女君が懐妊するという夢を見て心配になり、見舞いの手紙を送ったが、その時にもう少し詳しく彼女の状況を尋ねるべきだったと後悔している。
4 さまざまにかかりける人々いたづらになしけるも――今まで自分と深い関係となった女性たちを不幸にしてしまったのも。
5 風に伝へよ――海に身を投じる前に、女君が扇に書いた和歌「早き瀬の底の水屑《みくづ》になりにきと扇の風よ吹きも伝へよ」の一節。
6 せめて有心に言ひなさるるか――その女性が操《みさお》高く最後まで道成に許さなかったという感動的な美談として、話を飾ったのか。
7 生けてみむと思はばと契りわび侍りしかば、返す返すまろ寝にてのみこそ扱ひ侍りしか――その女が「私を生かしておこうとあなたが思うのならば（無理強いはしないでください）」と懇願しましたので、決して私はその女をどうこうするなどということはいたしませんでした。
8 さるあさましきことを思ひたまへけん――あんなあさましい入水自殺など思いつきましたのでしょうか。
9 出でぬる名残も端つ方にてながめ臥したまへるに――道成は退出していったが、その後ろ姿を、狭衣は簀子《すのこ》の近くの庇《ひさし》の間の端で横になって眺めていらっしゃると。
10 違ふことなきに――それは紛《まぎ》れもなく女君の筆跡なので。

問1 傍線部(ア)〜(ウ)の解釈として最も適当なものを、次の各群の①〜⑤のうちから、それぞれ一つずつ選べ。解答番号は 1 〜 3 。

(ア) つれなうもてなしたまひて 1

① 冷たく待遇なさって
② いつも通り歓待なさって
③ 無表情で冷遇なさって
④ さりげなくお振る舞いになって
⑤ たったお一人でおもてなしなさって

(イ) 胸少しあきたまひけり 2

① 道成の体面を取り繕う態度に飽き飽きしなさった
② ほんのわずかだが疑惑の念が浮かびなさった
③ ほんの少し気が晴れるような感じにおなりになった
④ 次第に諦めの気持ちが強まりなさった
⑤ ちょっと話題につまっておしまいになった

(ウ) はかばかしうも見とかれたまはず　3

① きちんと正視することすらなさらないで
② はっきりとも確認などもなさらないで
③ てきぱきと見ておくこともおできになれず
④ しっかりと判読なさることもおできになれない
⑤ 頼もしく見届けられることなどもおありでない

問２　傍線部Ａ「過ぎにし方のやうには思すまじかりけり」とあるが、狭衣がそのような気持ちになったのはなぜか。その理由の説明として最も適当なものを、次の①～⑤のうちから一つ選べ。解答番号は　4　。

① 自分を捨てて道成に走った女君の罪は重いと思い、昔のようには女君のことをお愛しになることはできそうになかったから。
② 自分に知らせずに入水自殺を遂げた女君の罪は重いと思い、昔のようには女君のことをお愛しになることはできそうになかったから。
③ 女君を自殺に追い込んだ道成の罪は重いと思い、昔のようには乳母子道成のことをお思いになることはできそうになかったから。

④ 自分が与えた扇を女君に見せた道成の罪は重いと思い、昔のようには乳母子道成のことをお思いになることはできそうになかったから。

⑤ 知らなかったとはいえ、女君を自殺に追い込んだ自分の罪は重いと思い、昔のように自分のことをお許しになることはできそうになかったから。

問3 傍線部B「長き世の形見と思うたまふれば、返したまはりなん」の語句や表現に関する説明として最も適当なものを、次の①～⑤のうちから一つ選べ。解答番号は 5 。

① 「形見」とは「女君が、狭衣に残した遺品」のことを表している。

② 「思うたまふれ」の主語は「私」で、話し手である道成のことである。

③ 「返したまはりなん」の客体は和歌で、女君の和歌に対する返歌を求めている。

④ 「返したまはりなん」の「なん」は終助詞で、強い希望を表している。

⑤ 「返したまはりなん」の主語は「あなた」で、聞き手である狭衣のことである。

問４ この文章の登場人物についての説明として**適当でないもの**を、次の①～⑤のうちから一つ選べ。解答番号は［６］。

① 狭衣は今まで深い関係となった女性たちを不幸にしたことは、全て自分のせいだと自身を責めている。
② 狭衣は女君が死の直前に書いた扇の和歌を見るやいなや涙が込み上げ、悲しみに打ちひしがれた。
③ 道成は感動的な美談として、話を飾ったのではないかと狭衣に言われて、不本意に思い、真剣に否定した。
④ 道成は、女君が残した扇を行く末までの形見だと思うほどに今でも彼女に執着している。
⑤ 女君は入水の直前に道成の扇に和歌を書いた時、その涙が墨を流すほど号泣していたことがわかる。

問５ 鎌倉時代前期の歌人藤原定家《ふじわらのさだいえ》（一一六二～一二四一年）は、この女君のエピソードを典拠として、次の和歌を詠んでいる。

【文章Ⅱ】

やすらひに出でにしままの月の影我が涙のみ袖に待てども

（『拾遺愚草《しゅういぐそう》』寄月恋《よりつきこい》）

（注）やすらひに出でにし――ためらいながら出て行ってしまった。

この「やすらひに……」の和歌についての説明として最も適当なものを、次の①～⑥のうちから**二つ**選べ。ただし、解答の順序は問わない。解答番号は 7 ・ 8 。

① 定家の和歌の「やすらひに出でにし」は、第一段落2行目に「言少なにて入りたまひぬ」とあるようにその主語は狭衣である。

② 定家の和歌の「やすらひに出でにし」は、第二段落2行目に「いかに言ひてか、その暁出でけん」とあるようにその主語は女君である。

③ 定家の和歌の「月の影」とは、第四段落2行目に「端つかたにて月にあてていそぎ見たまふに」とあるように、女君の手紙を見る狭衣の象徴である。

④ 定家の和歌の「月の影」とは、第四段落1行目に「月の光も少し朧なるを、涙にくもるにや」とあるように、物思いに耽《ふけ》る狭衣の象徴である。

⑤ 定家の和歌の「我が涙のみ袖に待てども」とは、第四段落3行目に「目もきりふたがりて」とあるように、その主語は女君の手紙を見る狭衣である。

⑥ 定家の和歌の「我が涙のみ袖に待てども」とは、第四段落3行目に「げに洗ひやる涙」とあるように、その主語は狭衣に別れの和歌を書く女君である。

(キリトリ線)

東進　共通テスト実戦問題集　国語　　解答用紙

マーク例

良い例	悪い例
●	⊙ ◔ O ⊗

受験番号を記入し，その下のマーク欄にマークしなさい。

受験番号欄				
千位	百位	十位	一位	英字
−	⓪	⓪	⓪	Ⓐ
①	①	①	①	Ⓑ
②	②	②	②	Ⓒ
③	③	③	③	Ⓗ
④	④	④	④	Ⓚ
⑤	⑤	⑤	⑤	Ⓜ
⑥	⑥	⑥	⑥	Ⓡ
⑦	⑦	⑦	⑦	Ⓤ
⑧	⑧	⑧	⑧	Ⓧ
⑨	⑨	⑨	⑨	Ⓨ
−	−	−	−	Ⓩ

氏名・フリガナ，試験場コードを記入しなさい。

フリガナ						
氏名						
試験場コード	十万位	万位	千位	百位	十位	一位

注意事項

1　訂正は，消しゴムできれいに消し，消しくずを残してはいけません。

2　所定欄以外にはマークしたり，記入したりしてはいけません。

3　汚したり，折りまげたりしてはいけません。

解答番号	解答欄									解答番号	解答欄									解答番号	解答欄									解答番号	解答欄								
	1	2	3	4	5	6	7	8	9		1	2	3	4	5	6	7	8	9		1	2	3	4	5	6	7	8	9		1	2	3	4	5	6	7	8	9
1	①	②	③	④	⑤	⑥	⑦	⑧	⑨	11	①	②	③	④	⑤	⑥	⑦	⑧	⑨	21	①	②	③	④	⑤	⑥	⑦	⑧	⑨	31	①	②	③	④	⑤	⑥	⑦	⑧	⑨
2	①	②	③	④	⑤	⑥	⑦	⑧	⑨	12	①	②	③	④	⑤	⑥	⑦	⑧	⑨	22	①	②	③	④	⑤	⑥	⑦	⑧	⑨	32	①	②	③	④	⑤	⑥	⑦	⑧	⑨
3	①	②	③	④	⑤	⑥	⑦	⑧	⑨	13	①	②	③	④	⑤	⑥	⑦	⑧	⑨	23	①	②	③	④	⑤	⑥	⑦	⑧	⑨	33	①	②	③	④	⑤	⑥	⑦	⑧	⑨
4	①	②	③	④	⑤	⑥	⑦	⑧	⑨	14	①	②	③	④	⑤	⑥	⑦	⑧	⑨	24	①	②	③	④	⑤	⑥	⑦	⑧	⑨	34	①	②	③	④	⑤	⑥	⑦	⑧	⑨
5	①	②	③	④	⑤	⑥	⑦	⑧	⑨	15	①	②	③	④	⑤	⑥	⑦	⑧	⑨	25	①	②	③	④	⑤	⑥	⑦	⑧	⑨	35	①	②	③	④	⑤	⑥	⑦	⑧	⑨
6	①	②	③	④	⑤	⑥	⑦	⑧	⑨	16	①	②	③	④	⑤	⑥	⑦	⑧	⑨	26	①	②	③	④	⑤	⑥	⑦	⑧	⑨	36	①	②	③	④	⑤	⑥	⑦	⑧	⑨
7	①	②	③	④	⑤	⑥	⑦	⑧	⑨	17	①	②	③	④	⑤	⑥	⑦	⑧	⑨	27	①	②	③	④	⑤	⑥	⑦	⑧	⑨	37	①	②	③	④	⑤	⑥	⑦	⑧	⑨
8	①	②	③	④	⑤	⑥	⑦	⑧	⑨	18	①	②	③	④	⑤	⑥	⑦	⑧	⑨	28	①	②	③	④	⑤	⑥	⑦	⑧	⑨	38	①	②	③	④	⑤	⑥	⑦	⑧	⑨
9	①	②	③	④	⑤	⑥	⑦	⑧	⑨	19	①	②	③	④	⑤	⑥	⑦	⑧	⑨	29	①	②	③	④	⑤	⑥	⑦	⑧	⑨	39	①	②	③	④	⑤	⑥	⑦	⑧	⑨
10	①	②	③	④	⑤	⑥	⑦	⑧	⑨	20	①	②	③	④	⑤	⑥	⑦	⑧	⑨	30	①	②	③	④	⑤	⑥	⑦	⑧	⑨	40	①	②	③	④	⑤	⑥	⑦	⑧	⑨

※大学入学共通テスト「国語」の解答番号数は全部でおよそ38ですが，本書「古文」では解答番号1～8を使用ください（複数回使用する場合は複写してご利用ください）。

JAPANESE

東進

共通テスト実戦問題集
国語〔古文〕

解答解説編
Answer / Explanation

JAPANESE

東進ハイスクール・東進衛星予備校 講師
栗原隆
KURIHARA Takashi

東進ブックス

はじめに

◆入試問題の徹底的な分析

本書は、大学入学共通テスト（以下、共通テスト）と同じ形式・レベルのオリジナル問題を五回分収録した共通テスト「古文」対策の問題集である。

制作にあたっては、新「学習指導要領（二〇一八年告示、二〇二二年より開始）」や、試行調査以前の段階から「独立行政法人 大学入試センター」が発表したおそらく全ての資料を収集し、それらを徹底的に分析した。その結果に基づいて、本書では**現状で考えうる最も可能性の高い出題形式**の問題を掲載している。

さらに、本書は単なる「受験対策用の問題集」ではなく、**出題者が受験生に求めている資質・能力**を意識して作られている。出題者はいったい何を求め、どのような苦労のもとに作題しているのか。それを受験生のみなさんには十分に理解してほしい。

◆受験生と出題者の認識のズレ

みなさんは、入試問題の出題者の存在を意識したことはあるだろうか。よく、「古典文法はマスターしたし、単語集一冊分の古文単語も全部覚えた。それなのに、何で入試問題は半分もわからないんだろう」と嘆く受験生がいる。その理由は、受験生と出題者との間に**入試問題に対する認識のズレ**があるからだ。

出題者が考える「古文」とは、**「文献学の基礎」としての知識・技能**であり、入試ではそれを実際に活用できる資質があるかどうかが問われる。そのため、単語や文法の単純な丸暗記では通用しない。それにもかかわらず、受験生の多くは単語や文法の丸暗記で古文を勉強した気になってしまい、結果的に「たくさん古文を勉強したのに、全然得点できない」という事態に陥ってしまう。

出題者の求める知識・技能とは、「**平安時代の基本的な語彙《ごい》・語法の理解**」である。旧センター試験や共通テストでは、平安時代に書かれた文章から近代普通文（文語文）の評論まで時代もジャンルも様々な問題文が掲載されているが、平安中期の文法体系と基本的な語彙の知識があれば近世や近代の文章も解釈できる。

例えば、単語の意味は歴史的に変化するだけでなく、同時代であっても状況によって変わってくる。やみくもに丸暗記するのではなく、意味の概念を中心に覚えてみよう。一般的に大学受験に必要な古文単語は三百数十語程度なので、一日十語ずつ覚えたら二ヶ月もかからない。文法は、助詞や助動詞が現代語と一致しないので、その構造と機能の理解が鍵となる。

また、古文は接続詞の少なさや主語のわかりにくさから文章が読みづらく非論理的な表現形式に感じてしまうが、これらも接続助詞の機能を意識したり、連体修飾節と体言の位置関係を学んでしまえば問題ない（注）。

古文の構造を理解すれば、非論理的な表現形式などと感じることもなくなるだろう。

（注）ある名詞を修飾する、主述関係を持つ部分を「連体修飾節」といい、古文ではほぼ名詞の前に位置する。よって、ある名詞の前に長い言葉があれば、その部分をいったん〈　〉で括《くく》ってしまえばよい。

◆古文の得点力を伸ばすために

本書は、古文の入試問題を解くために必要な知識や技能を修得できるよう、問題がそっくりそのままテキストや参考書の機能を果たすように作られてある。ただ採点結果を眺めて終わるのではなく、必ず解説文を熟読してほしい。

世の中には、「選択肢群」の比較や「出題者の意図の探し方」などのいわゆるテクニックのようなものばかりを解説している問題集も存在するが、これでは本質的な実力はつかない。

本書は、出題者の視点から作成している。**出題者の視点がつかめた瞬間に、その受験生はおそらく最強の受験生となる**ことだろう。

二〇二一年　九月

栗原　隆

この画像をスマートフォン等で読み取ると、ワンポイント解説動画が視聴できます。（以下同）

解説動画

本書の特長

❶ 実戦力が身につく問題集

本書では、「はじめに」で述べた通り、膨大な資料を徹底的に分析し、その結果に基づいて共通テストと同じ形式・レベルのオリジナル問題を五回分用意した。

共通テストで高得点を得るためには、大学教育を受けるための基礎知識はもとより、思考力や判断力など総合的な力が必要となる。そのような力を養うためには、何度も問題演習を繰り返し、出題形式に慣れ、出題の意図をつかんでいかなければならない。本書に掲載されている問題は、その訓練に最適なものばかりである。本書を利用し、何度も問題演習に取り組むことで、実戦力を身につけていこう。

『東進 共通テスト実戦問題集』シリーズ「国語」ラインアップ

- □現代文……………五回分収録（オリジナル問題五回）
- ■**古文**……………**五回分収録（オリジナル問題五回）**
- □漢文……………五回分収録（オリジナル問題五回）

❷ 東進実力講師によるワンポイント解説動画

「はじめに」と各回の解答解説冒頭（扉《とびら》）に、ワンポイント解説動画のＱＲコードを掲載。スマートフォンなどで読み取れば、解説動画が視聴できる仕組みになっている。解説を読む前にまずは動画を見て、問題の全体的なイメージや概要をつかもう。

❸ 詳しくわかりやすい解説

本書では、入試問題を解くための知識や技能が修得できるよう、様々な工夫を凝らしている。どこよりも詳しくわかりやすい解説を読めば、一目で正解の理由が明確になるだろう。

【解説の構成】

❶配点表…正解と配点の一覧表。各回の扉に掲載。マークシートの答案を見ながら、自己採点欄に採点結果を記入しよう（7ページ参照）。

❷出　典…問題文の出典に関して、どの時代に書かれたものなのか、作者や詳細を記載。出典を読み込むことで、文学史に必要な知識も得ることができる。

❸通　釈…問題文の現代語訳。問題を解く時に意味のわからなかった文章や表現があれば、この通釈を読んで振り返っておこう。

▼出典／通釈

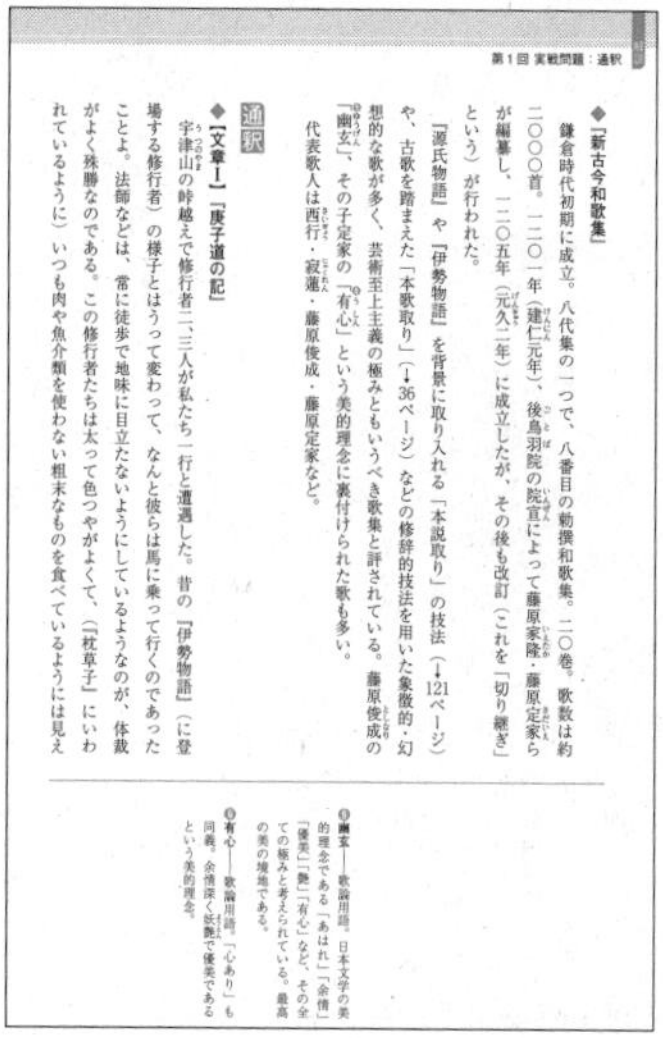

❹解　説…設問に入る前に、出題の狙いや概要を説明する。ここは必ず熟読して出題者の視点をつかめるようにしてほしい。全体的な解説の後、設問ごとに詳細を解説していく。設問ごとの解説では、そこで問われている古文の知識や技能を修得できるよう、必要な知識を丁寧に説明する。

❺重要単語リスト…問題文や設問文に登場した重要な古文単語をピックアップ。いずれも共通テスト必須の単語なので、確実におさえるようにしよう。

❻知識の総整理…問題・解説で扱った知識を、その周辺情報とともにまとめて掲載。古文常識や文学史など、古文読解に必要な知識の総整理に活用しよう。

▼重要単語リスト／知識の総整理

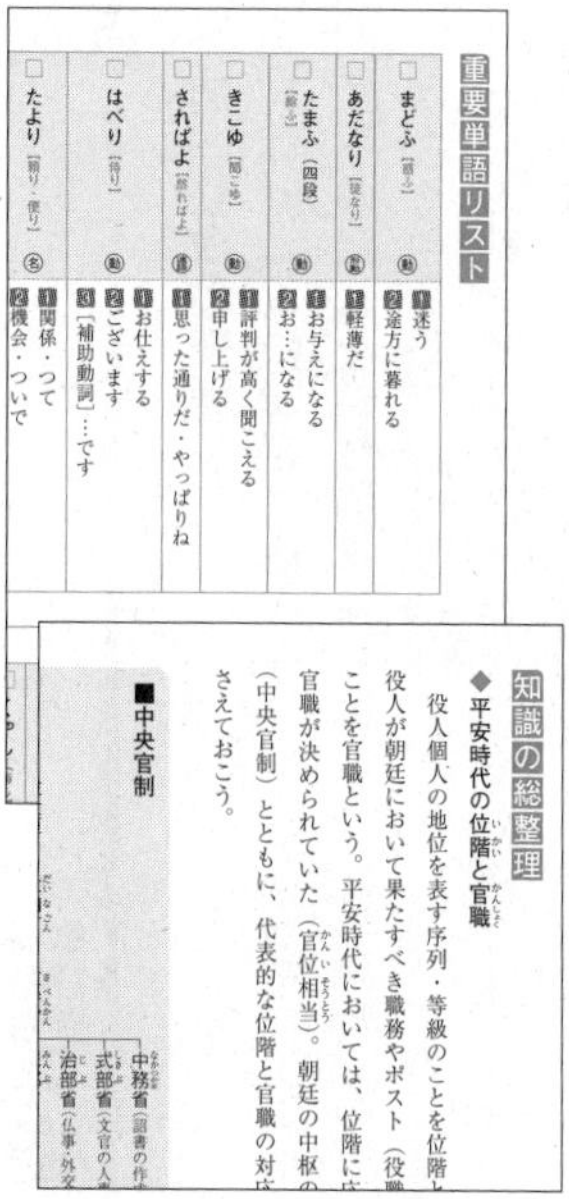

本書の使い方

別冊

本書は、別冊に問題、本冊に解答解説が掲載されている。まずは、別冊の問題を解くところから始めよう。

❶ 注意事項を読む

問題編各回の扉に、問題を解くにあたっての注意事項を掲載。本番同様、問題を解く前にしっかりと読もう。

▼問題編 扉

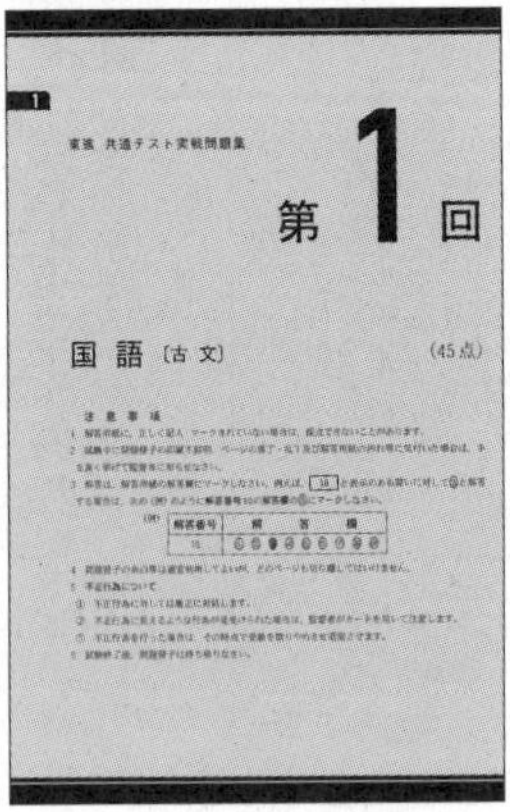

❷ 問題を解く

❶時間配分

実際の共通テストの問題を解く状況に近い条件で問題を解こう。タイマーなどを二〇分程度に設定し、時間厳守で解答すること。

問題編

❷問題構成の把握

どのように問題が構成されているのか、出題形式を確認しながら解き進めよう。漫然と解くのではなく、受験時に自分はどのように感じるのかなど心の動きを冷静に観察しながら臨んでほしい。

❸マークシートの活用

解答は本番と同じように、付属のマークシートに記入するようにしよう。複数回実施する時はコピーして使おう。

▼問題文（全5回収録）

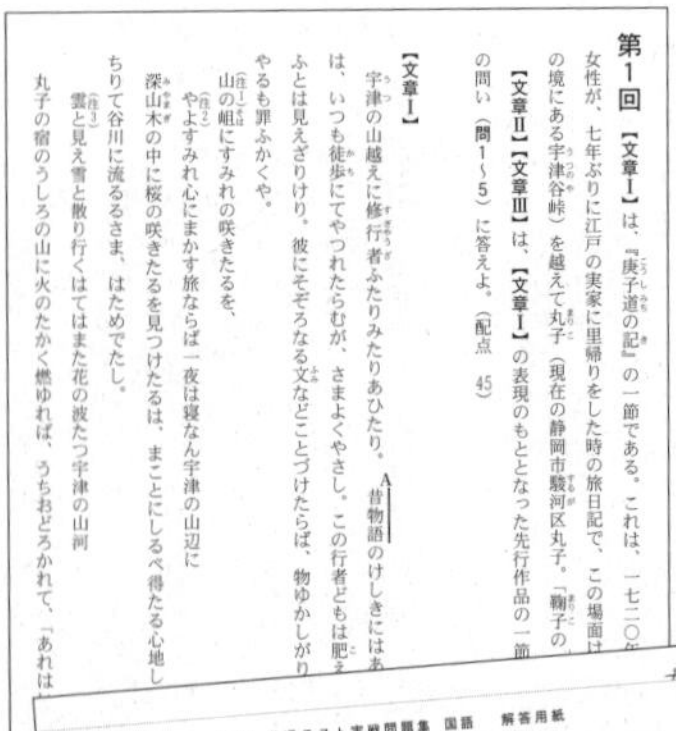

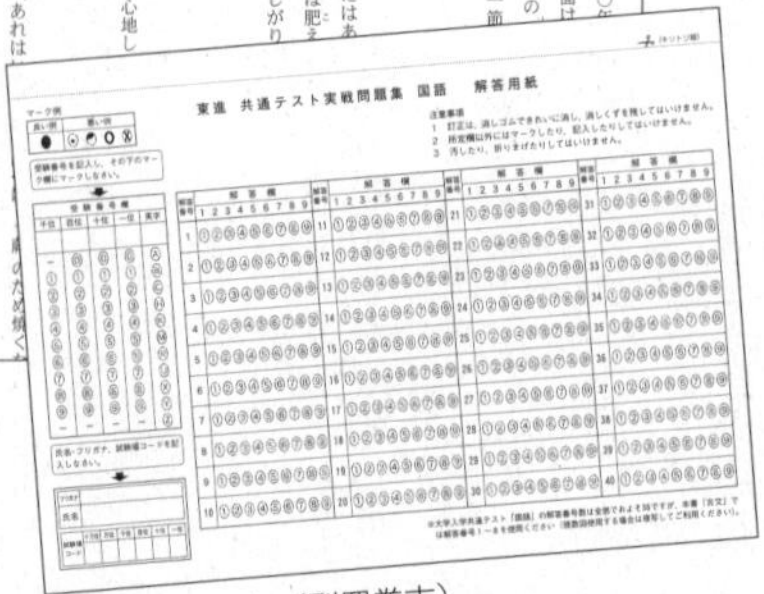

▲マークシート（別冊巻末）

本冊

❶ 採点をする

解答解説編各回の扉には、正解と配点の一覧表が掲載されている。問題を解き終わったら、正解と配点を見て採点しよう。

❷ 解説を読む

❶ワンポイント解説の動画視聴

「はじめに」と各回の扉に掲載されている動画のQRコードを、スマートフォンなどで読み取ると著者によるワンポイント解説の動画を見ることができる。本書の解説を読む前に、動画にアクセスしてみよう。

▼はじめに

▼解答解説編 扉

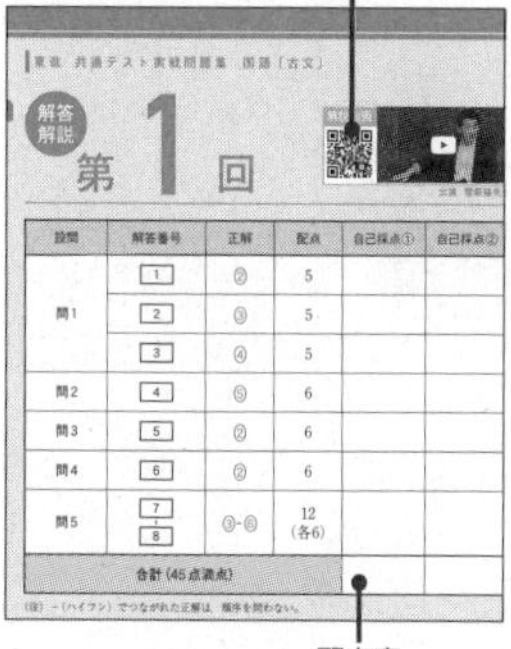

設問	解答番号	正解	配点	自己採点①	自己採点②
問1	1	②	5		
	2	③	5		
	3	④	5		
問2	4	⑤	6		
問3	5	②	6		
問4	6	②	6		
問5	7 8	③-⑥	12（各6）		
合計（45点満点）					

（注）-（ハイフン）でつながれた正解は、順序を問わない。

QRコード

配点表

解答解説編

❷解説の熟読

わからなかったり知識が曖昧《あいまい》だったりした問題は、たとえまぐれで正解したとしても必ず解説を熟読し、解説中の知識や解き方の技能を身につけよう。また、「出題者は何を問うために設問を作ったのか」という視点で問題を見直そう。

▼解説

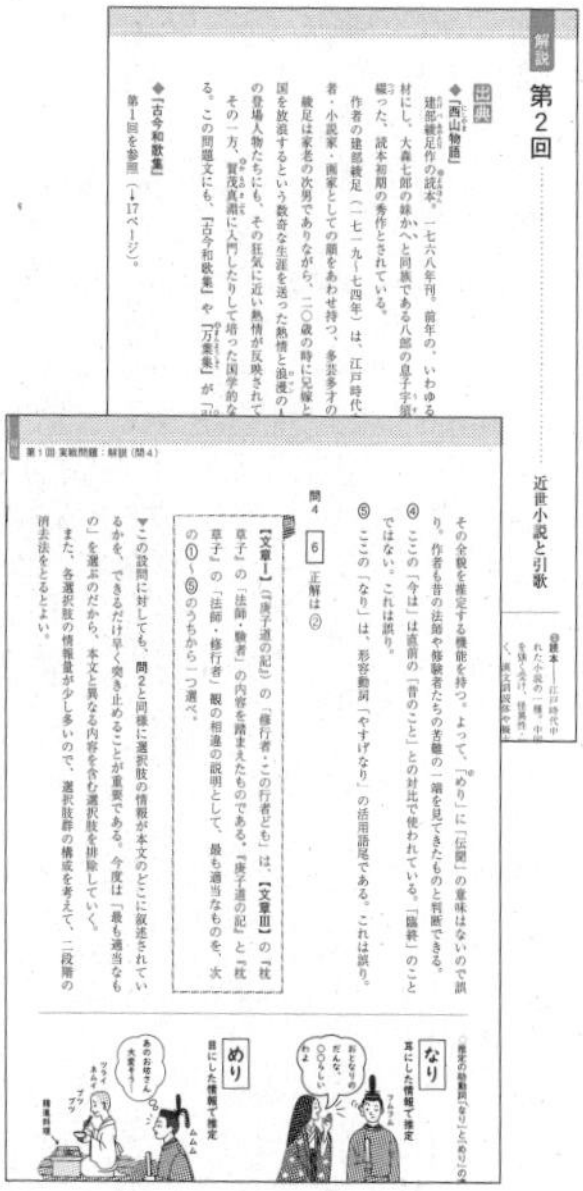

❸ 復習する

再びタイマーなどを二〇分程度に設定して、マークシートも使いながら解き直そう。

目次

特集①～共通テストについて～

❶ 大学入試の種類

大学入試は「**一般選抜**」と「**特別選抜**」に大別される。

一般選抜は高卒（見込）・高等学校卒業程度認定試験合格者（旧大学入学資格検定合格者）ならば受験できるが、特別選抜は大学の定めた条件を満たさなければ受験できない。

❶一般選抜

一般選抜は一月に実施される「**共通テスト**」と、主に二月から三月にかけて実施される大学独自の「**個別学力検査**」（以下、**個別試験**）のことを指す。国語、地理歴史（以下、地歴）、公民、数学、理科、外国語といった学力試験による選抜が中心となる。

国公立大では、一次試験で共通テスト、二次試験で個別試験を課し、これらを総合して合否が判定される。

一方、私立大では、大きく分けて①**個別試験のみ**、②**共通テストのみ**、③**個別試験と共通テスト**、の三通りの型があり、②③を「**共通テスト利用方式**」と呼ぶ。

❷特別選抜

特別選抜は「**学校推薦型選抜**」と「**総合型選抜**」に分かれる。

学校推薦型選抜とは、出身校の校長の推薦により、主に調査書で合否を判定する入試制度である。大学が指定した学校から出願できる「**指定校制推薦**」と、出願条件を満たせば誰でも出願できる「**公募制推薦**」の大きく二つに分けられる。

総合型選抜は旧「AO入試」のことで、大学が求める人物像（アドミッション・ポリシー）と受験生を照らし合わせて合否を判定する入試制度である。

かつては原則として学力試験が免除されていたが、近年は学力要素の適正な把握が求められ、国公立大では共通テストを課すことが増えてきている。

❷ 共通テストの基礎知識

❶共通テストとは

共通テストとは、「独立行政法人 大学入試センター」が運営する**全国一斉の学力試験（マークシート方式）**である。

二〇一三年に教育改革の提言がなされ、大学入試改革を含む教育改革が本格化した。そこでは、これからの時代に必要な力として、①知識・技能の確実な習得、②（①を基にした）思考力・判断力・表現力、③主体性を持って多様な人々と協働して学ぶ態度、の「**学力の三要素**」が挙げられている。共通テストでは、これらの要素を評価するための問題が出題される。

さらに、「学習指導要領」が改訂されたことに伴い、二〇二五年度入試からは、新学習指導要領（新課程）による入試が始まる。共通テストに関する大きな変更点としては、「入試教科・科目」の変更と「試験時間」の変更が挙げられる。

❷新課程における変更点

【教科】

・「情報」の追加

【科目】

・「歴史総合」「地理総合」「公共」の新設
　※必履修科目を含む6選択科目に再編
・数学②は「数学Ⅱ、数学Ｂ、数学Ｃ」1科目に
　※「簿記・会計」「情報関係基礎」の廃止

【試験時間】

・国　語：80分→90分
・数学②：60分→70分
・情　報：60分
・理科は1グループに試験時間がまとめられる

❸出題教科・科目の出題方法（二〇二五年度入試）

教科	出題科目	出題方法 （出題範囲、出題科目選択の方法等）	試験時間 （配点）
国語	『国語』	・「現代の国語」及び「言語文化」を出題範囲とし、近代以降の文章及び古典（古文、漢文）を出題する。	90分（200点） **（注1）**
地理歴史 公民	『地理総合、地理探究』 『歴史総合、日本史探究』 『歴史総合、世界史探究』 『公共、倫理』 『公共、政治・経済』 →(b) 『地理総合／歴史総合／公共』 →(a) (a)：必履修科目を組み合わせた出題科目 (b)：必履修科目と選択科目を組み合わせた出題科目	・左記出題科目の6科目のうちから最大2科目を選択し、解答する。 ・(a)の『地理総合／歴史総合／公共』は、「地理総合」、「歴史総合」及び「公共」の3つを出題範囲とし、そのうち2つを選択解答する（配点は各50点）。 ・2科目を選択する場合、以下の組合せを選択することはできない。 (b)のうちから2科目を選択する場合 『公共、倫理』と『公共、政治・経済』の組合せを選択することはできない。 (b)のうちから1科目及び(a)を選択する場合 (b)については、(a)で選択解答するものと同一名称を含む科目を選択することはできない。**（注2）** ・受験する科目数は出願時に申し出ること。	1科目選択 60分（100点） 2科目選択 130分**（注3）** （うち解答時間120分）（200点）
数学①	『数学Ⅰ、数学A』 『数学Ⅰ』	・左記出題科目の2科目のうちから1科目を選択し、解答する。 ・「数学A」については、図形の性質、場合の数と確率の2項目に対応した出題とし、全てを解答する。	70分（100点）
数学②	『数学Ⅱ、数学B、数学C』	・「数学B」及び「数学C」については、数列（数学B）、統計的な推測（数学B）、ベクトル（数学C）及び平面上の曲線と複素数平面（数学C）の4項目に対応した出題とし、4項目のうち3項目の内容の問題を選択解答する。	70分（100点）
理科	『物理基礎／化学基礎／生物基礎／地学基礎』 『物理』 『化学』 『生物』 『地学』	・左記出題科目の5科目のうちから最大2科目を選択し、解答する。 ・『物理基礎／化学基礎／生物基礎／地学基礎』は、「物理基礎」、「化学基礎」、「生物基礎」及び「地学基礎」の4つを出題範囲とし、そのうち2つを選択解答する（配点は各50点）。 ・受験する科目数は出願時に申し出ること。	1科目選択 60分（100点） 2科目選択 130分**（注3）** （うち解答時間120分）（200点）
外国語	『英語』 『ドイツ語』 『フランス語』 『中国語』 『韓国語』	・左記出題科目の5科目のうちから1科目を選択し、解答する。 ・『英語』は、「英語コミュニケーションⅠ」、「英語コミュニケーションⅡ」及び「論理・表現Ⅰ」を出題範囲とし、【リーディング】及び【リスニング】を出題する。受験者は、原則としてその両方を受験する。その他の科目については、『英語』に準じる出題範囲とし、【筆記】を出題する。 ・科目選択に当たり、『ドイツ語』、『フランス語』、『中国語』及び『韓国語』の問題冊子の配付を希望する場合は、出願時に申し出ること。	『英語』 （【リーディング】 80分（100点） 【リスニング】 60分**（注4）** （うち解答時間30分）（100点）） 『ドイツ語』『フランス語』『中国語』『韓国語』 【筆記】 80分（200点）
情報	『情報Ⅰ』		60分（100点）

（備考）『　』は大学入学共通テストにおける出題科目を表し、「　」は高等学校学習指導要領上設定されている科目を表す。

また、『地理総合／歴史総合／公共』や『物理基礎／化学基礎／生物基礎／地学基礎』にある"／"は、一つの出題科目の中で複数の出題範囲を選択解答することを表す。

（注1）『国語』の分野別の大問数及び配点は、近代以降の文章が3問110点、古典が2問90点（古文・漢文各45点）とする。

（注2） 地理歴史及び公民で2科目を選択する受験者が、(b)のうちから1科目及び(a)を選択する場合において、選択可能な組合せは以下のとおり。
・(b)のうちから『地理総合、地理探究』を選択する場合、(a)では「歴史総合」及び「公共」の組合せ
・(b)のうちから『歴史総合、日本史探究』又は『歴史総合、世界史探究』を選択する場合、(a)では「地理総合」及び「公共」の組合せ
・(b)のうちから『公共、倫理』又は『公共、政治・経済』を選択する場合、(a)では「地理総合」及び「歴史総合」の組合せ

（注3） 地理歴史及び公民並びに理科の試験時間において2科目を選択する場合は、解答順に第1解答科目及び第2解答科目に区分し各60分間で解答を行うが、第1解答科目及び第2解答科目の間に答案回収等を行うために必要な時間を加えた時間を試験時間とする。

（注4）【リスニング】は、音声問題を用い30分間で解答を行うが、解答開始前に受験者に配付したICプレーヤーの作動確認・音量調節を受験者本人が行うために必要な時間を加えた時間を試験時間とする。
なお、『英語』以外の外国語を受験した場合、【リスニング】を受験することはできない。

特集②～共通テスト「古文」の傾向と対策～

❶ 共通テスト「古文」の特徴

共通テスト「古文」の問題文の総字数は一二〇〇～一九〇〇字程度。旧センター試験とほぼ同じくらいだが、提示される古文の題材は一つのみではない。

学習指導要領には、「我が国の伝統と文化に関する近代以降の論理的な文章や古典に関連する近代以降の文学的な文章を活用するなどして、我が国の言語文化への理解を深めるよう指導を工夫すること」とある。「我が国の伝統と文化に関する近代以降の論理的な文章」とは、「主として、我が国の伝統や文化について書かれた解説や評論、随筆などを指している」と学習指導要領にて解説されていることから、複数の問題文には「**近代以降の解説や評論・随筆**」が使用されることも十分考えられる。

具体的には、主となる古典作品と、それと関連する別の作品（時代やジャンルも異なる）の引用という、二つ以上の問題文が提示されることとなる。なぜこのような形式を採用するのかといえば、当然のことだが、作品は単独で生まれ、単独で解釈されるものではなく、先行作品の一部を引用したり、借用・変形したりして作り出されるものであり、解釈する側（＝現代人）もまた、幾分かの先行作品の理解を借りて、当該作品を解釈するからである（注）。こうした総合的な解釈力を測る点でも、二つ以上の問題文を使う手法は有効であろう。

つまり、問題文の解釈などについての対談・評論（現代文）、あるいはその作品に関係する注釈書や本説取り、本歌取り、引歌などの**複数の問題文を比較**して、登場人物の心情や言動の意味、表現の工夫をとらえ、古文の内容を的確に理解する力を問うのが共通テスト「古文」の特徴である。

しかし、たとえ提示されたものが近世の作品であっても、そこで用いられているのは平安時代の仮名文や和歌を模範とした雅文体（＝擬古文）であるから、平安時代の基本的な語彙・語法を理解できていれば問題ない。本書では、考えうる全ての出題形式を網羅している。本書を使ってあらゆるパターンに慣れ、本番に臨んでほしい。

（注）幾分かの先行作品の理解を借りて、当該作品を解釈する……これらの関係性のことをジュリア・クリステヴァ（Julia Kristeva）は「テクスト間相互関連性（Intertextuality）」と呼んだ。

❷ 共通テスト「古文」の傾向と対策

傾向 マークシート方式で、五～六択の選択肢を使い「文献を分析する力」や「解釈する力」を考査する。

対策 **「出題者は何を問いたいのか」「その要素はどこに表現されているのか」**を把握し、読み取る力を培おう。

なぜなら、その設問で問いたい要素は出題者の中ですでに決定されていて（二～三箇所）、フェイクの選択肢の中に問いたい要素と異なるいくつかの表現を巧みに配置することで、出題者は誤りの選択肢を作らざるを得ないからである。

❶傍線部解釈の設問

傾向 **重要な古語について、その特徴や使い方に関する知識**や、文脈との関連によって現代語の意味に的確に置き換えて理解する技能が求められる。

対策 問われている箇所を含む**文の構造を分析し、それに即した語句の意味や、問題文の文脈から補いうる語句を適切にとらえられる**ようにしよう。出題者が必要に応じて要約・詳述している箇所を集中的に検証するとよい。

❷文法・表現・修辞の設問

傾向 **「文語のきまり（＝平安中期の統語論）」の知識・技能**が求められる。具体的には、問われている箇所を単語に分節化し、それが文の中でどのような機能を果たしているかを見分けられる技能のことである。また、当該箇所を正しく解釈したうえで、その表現の持つ意味を問われる場合もある（**和歌の修辞法**など）。

対策 問われている箇所を含む**文の構造を分析**できるようになろう。

❸心情説明の設問

傾向　心情説明には、「**一つの作品における登場人物相互の関係の変容や、登場人物の心情の変化や言動の意味を適切に解釈する**」ものと、「**その作品を読んだ現代人の対談や評論を通して、その話し手・書き手がイメージした情景や登場人物の心情を理解する**」ものの、大きく二つのパターンがある。

対策　前者のパターンでは、文章の内容を叙述に即して的確に読み取ろう。特に会話・書簡・心内文・和歌などの表現に着目して、登場人物の心情の変化や言動の意味などをとらえるようにしたい。そのためには、選択肢群の現代文を分析し、鍵となる要素が問題文中に存在するかどうかを検証すればよい。

　後者のパターンでは、検証するのはあくまでもその話し手・書き手がイメージした情景や登場人物の心情であって、それが古文の作品世界とは必ずしも一致するとは限らないので注意しよう。

❹内容説明（内容一致）の設問

傾向　最終問題として出題されることが多い。出題者が問いたいのは、「**要求に応じて問題文に表現された情報をとらえられるか**」「**問題文全体の要旨を把握することができるか**」ということである。この設問形式では正解の複数選択が多く、「**適切ではないもの**」を選ぶ出題もよく見られる。

　また、複数の問題文を読み比べて、その内容について**複数の話し手が話し合う場面を設定**し、ある事項について語っているその言説の共通点や相違点について問うパターンもある。

対策　**要求された情報が問題文中のどの段落のどこに叙述されているかを**、できるだけ早く突き止めることが第一である。複数の話し手が話し合う形式の場合でも、これらは**評論や個人的見解ではない**。正誤を決める根拠となる要素は、必ず問題文の中にある。それがどこにあるのかを考えて、問題文中からその要素を探し出すようにしよう。

解答解説　第1回

解説動画

出演：栗原隆先生

設問	解答番号	正解	配点	自己採点①	自己採点②
問1	1	②	5		
	2	③	5		
	3	④	5		
問2	4	⑤	6		
問3	5	②	6		
問4	6	②	6		
問5	7-8	③-⑥	12（各6）		
合計（45点満点）					

（注）－（ハイフン）でつながれた正解は，順序を問わない。

第1回　近世紀行と引用

出典

◆『庚子道の記《こうしみちのき》』

一七二〇年（享保《きょうほう》五年）、尾張《おわり》藩名古屋城内に仕えていた武女《たけじょ》という、三〇歳ほどと思われる女性が、七年ぶりに江戸の実家に里帰りをした時の旅日記。二月二七日の旅立ちから三月五日に実家に到着するまでの八日間の道中、各地の習俗や風土、人間観察などの関心を記述する。

作者武女は、自身のことを「あまの子（遊女、下賤《げせん》な生まれ）」などと名乗りながらも、尾張藩主の側《そば》に宮仕えしていたことも匂わせており、その正体は謎のままである。『伊勢物語』『更級《さらしな》日記』『十六夜《いざよい》日記』など古典文学・詩歌《しいか》・歌謡などの深い教養に基づいた、ユーモアにあふれる和歌を詠んだり、❶諷刺《ふうし》詩を創作したりする才能もみせる。彼女の作品は、近世中期の女性の知識・教養の高さを理解するうえで非常に貴重である。

『庚子道の記』は、『伊勢物語』『更級日記』『十六夜日記』など古典文学・詩歌・歌謡などの深い教養に裏付けられた軽やかで美しい❷擬古文で記述され、日本・中国の古典作品を端々に引用する。その鑑賞には、様々な時代の様々なジャンルの古典作品を

---

❶**諷刺詩**——社会や人物を婉曲《えんきょく》的に批判するような詩。

❷**擬古文**——主に近世の作者が平安時代の仮名文や和歌を模範として作成した文体。日本古典文学においては、長らく平安時代の言語表現が規範であった。よって、平安文法を身につければ大方の古典文学は読める。

解釈する力が必要となる。

◆『伊勢物語』

平安時代前期の歌物語。作者不明。ある男の「❸初冠《うひかうぶり》」から死の直前の和歌までの約一二五の章段から構成される。在原業平《ありわらのなりひら》になぞらえた主人公の恋愛を中心とする、一代記的な短編物語集である。

◆『枕草子』

平安時代中期の随筆。清少納言《せいしょうなごん》作。一〇〇〇年（長保《ちょうほう》二年）頃の成立とされる。

清少納言が一条《いちじょう》天皇の中宮藤原定子《ちゅうぐうふじわらのていし》に仕えていた頃の宮仕えの体験を中心に綴《つづ》る。❹「をかし」の美学をもとに、人生や世界の一瞬を鋭い感覚で描写する。紫式部《むらさきしきぶ》の『源氏物語』（→74ページ）とともに平安文学の双璧をなす。

◆『古今和歌集』

最初の勅撰《ちょくせん》和歌集。八代《はちだい》集の一つ。二〇巻。歌数は約一一一〇首。九〇五年（延喜《えんぎ》五年）、醍醐《だいご》天皇の勅命により、紀友則《きのとものり》・紀貫之《きのつらゆき》・凡河内躬恒《おおしこうちのみつね》・壬生忠岑《みぶのただみね》が撰者となって編纂《へんさん》した。仮名序《かなじょ》・真名序《まなじょ》がつけられている。

---

❸**初冠**——平安時代の男子の成人儀礼。「冠《かうぶり》」（官職・位階によって違いがある）を初めてつける儀式。ちなみに、女子では初めて裳《も》をつける「裳着《もぎ》」の儀式がこれに相当する。

❹**「をかし」の美学**——主観的・情緒的な感覚美である「あはれ」に対して、客観的・知性的な感覚美であると考えられている。

◆『新古今和歌集』

鎌倉時代初期に成立。八代集の一つで、八番目の勅撰和歌集。二〇巻。歌数は約二〇〇〇首。一二〇一年（建仁《けんにん》元年）、後鳥羽《ごとば》院の院宣《いんぜん》によって藤原家隆《いえたか》・藤原定家《さだいえ》らが編纂し、一二〇五年（元久《げんきゅう》二年）に成立したが、その後も改訂（これを「切り継ぎ」という）が行われた。

『源氏物語』や『伊勢物語』を背景に取り入れる「本説取り」の技法（↓121ページ）や、古歌を踏まえた「本歌取り」（↓36ページ）などの修辞的技法を用いた象徴的・幻想的な歌が多く、芸術至上主義の極みともいうべき歌集と評されている。藤原俊成《としなり》の❺「幽玄《ゆうげん》」、その子定家の❻「有心《うしん》」という美的理念に裏付けられた歌も多い。

代表歌人は西行《さいぎょう》・寂蓮《じゃくれん》・藤原俊成・藤原定家など。

通釈

◆【文章Ⅰ】『庚子道の記』

宇津山《うつのやま》の峠越えで修行者二、三人が私たち一行と遭遇した。昔の『伊勢物語』（に登場する修行者）の様子とはうって変わって、なんと彼らは馬に乗って行くのであったことよ。法師などは、常に徒歩で地味に目立たないようにしているようなのが、体裁がよく殊勝なのである。この修行者たちは太って色つやがよくて、（『枕草子』にいわれているように）いつも肉や魚介類を使わない粗末なものを食べているようには見え

---

❺ **幽玄**——歌論用語。日本文学の美的理念である「あはれ」「余情」「優美」「艶」「有心」など、その全ての極みと考えられている。最高の美の境地である。

❻ **有心**——歌論用語。「心あり」も同義。余情深く妖艶《ようえん》で優美であるという美的理念。

なかった。「(『伊勢物語』で在原業平が京の方に手紙を書いてことづけていたように)もしも彼らに、とりとめのないことを書いた手紙などを頼んで預けたとしたら、(その手紙の内容を)知りたがって、(宛先の人よりも)自分が先に開けて見ているのだろうよ」と想像してしまうが、それも(修行者たちに対して)不敬にあたるだろうか。

山の急斜面にすみれが咲いているのを(詠んだ歌)、

おおい、すみれよ。もしも(この旅が)私の思いのままにできる旅であったとしたら、今夜一晩はきっと(お前と一緒に)寝てしまおう。この宇津の山辺で。

深山に生い茂っている木々の中に、桜が咲いているのを見つけた時は、本当に知り合いに会ったような気がして、新鮮にも、またしみじみと感動的にも思われる。(桜の花が)散って谷川に流れていく様子は、またすばらしい。

(桜の花は)雲のように見えて、雪のように散ってゆく(その潔さがすばらしいのだと『古今和歌集』の歌はいう。なぜなら、いつまでも残っていても、この世の中は最後が厭《いと》わしくやりきれないから)。(しかし、この宇津山の桜の花は、その)最後は再び、花びらの波を美しく立てて、波の花を咲かせている。宇津山の谷川で。

丸子《まりこ》の宿の後ろにある山に火が高く燃え上がっているので、思わず驚いてしまって、「あれはどうしたのですか」と(土地の人に)聞くと、「あれは、山菜の蕨《わらび》の芽を採るための野焼きです」と答える。「(『新古今和歌集』で詠まれているように)野焼きなど

◎武女の旅の道のり

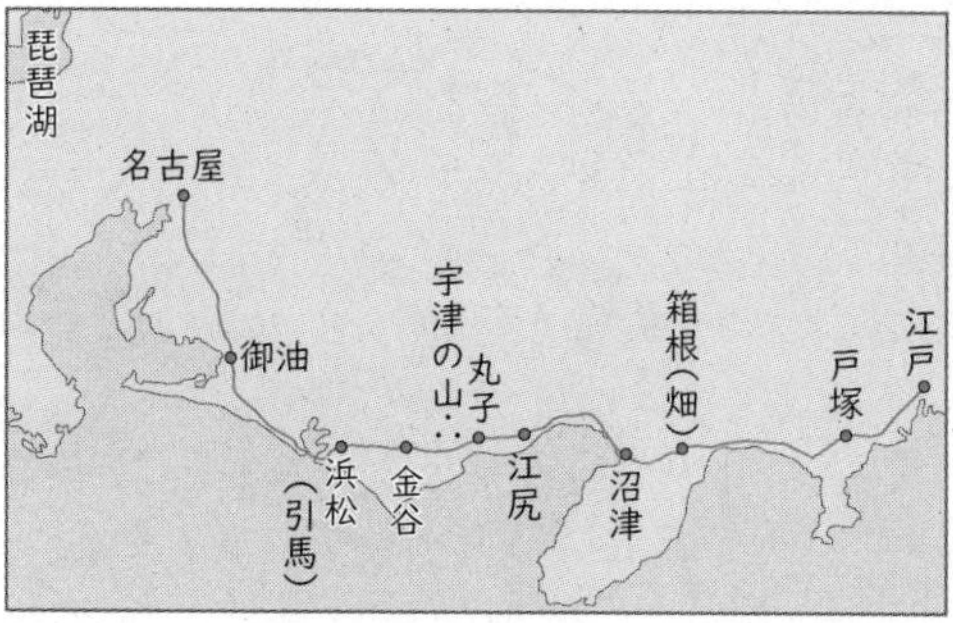

せずとも、草はきっと芽吹くだろう」と思われるが、そのうえ風までも吹いているので、（火が燃え広がらないかと）とても心配である。

春の野原でせっかく地面の下から芽吹く準備をしている早蕨《さわらび》を、そうむやみやたらに焼かないでいてほしい。

◆【文章Ⅱ】『伊勢物語』

（一行は）旅を続けて駿河《するが》国に到着した。宇津の山に来てみると、これから私が入って行こうとする道はひどく暗く細いうえに、蔦《つた》や楓《かえで》は茂り、なんとなく心細く、「思ってもみない目にあうことよ」と思っているところに、ある修行者が現れて（私たちと）出会ったのだった。「どうして、このような道をお通りになっているのですか」と言うが、その人を見ると、見知った人であったことよ。「京に、あの方の御もとに（届けてください）」と言って、手紙を書いてことづける（その歌は、）

駿河国にある宇津山の「うつ」ではないが、「うつつ（＝現実）」にでも、夢にでも、私はあなたにお逢いできなかったのですよ。

◆【文章Ⅲ】『枕草子』

愛する子を法師にしたとしたら、それは本当に気の毒である。（世間の人は法師のことを）まるで木の端などのように（人間の感情など持ちあわせていないものと）思

あれは
野焼きです
そうむやみ
やたらに
焼かなくても…

っているが、それはとても気の毒だ。肉や魚介類を使わない料理で、ひどく粗末なものをほんのちょっとだけ食べたり、眠ったりすることまでをも（世間の人はやかましく言う）。若い法師は、何事にでも好奇心があるだろう。女性などの居場所をも、どうして忌み遠ざけるように、ちょっとでものぞかないでいられようか。そんなことをも、（世間の人は）おだやかでないように言う。まして、修験者《しゅげんじゃ》などは、ひどくつらそうであるように見える。疲れきってついちょっと眠ると、「眠ってばかりいて（役立たずが……）」などと非難される。それも、大変窮屈な境遇で、（当の修験者は）どんなにつらく感じていることだろうか。（しかし）こんなことは昔のことであるように思われる。今では（法師や修験者の生活は）とても気楽そうである。

解説

設問の解説に入る前に、近世（江戸時代中期）の女性の教育環境の実態とその知識・教養レベルを確認しておく。

庶民的な初等教育機関としては、いわゆる「寺子屋《てらこや》（幼童筆学所《ようどうひつがくしょ》）」があって、そこで様々な❼『往来物《おうらいもの》』という実践的なテキストを使って、読み・書き・算盤《そろばん》などが教えられた。女子もここで生活に必要な最低限の教育を受けることができた。

しかし、女性は武士の娘であっても、国学（藩校はもう少し後の時代）や学問所に入学することは許されていなかった。よって、当時の女性が初等教育以上の教育を受

❼**往来物**――はじめは手紙の模範文例集であったが、やがて項目も多様化し、寺子屋で使用する初等教科書となった。

けるためには、個人的に教えを受けるか奉公先で実践的な教育を受ける以外に選択肢はなかった。

さて、『庚子道の記』の作者武女は、遊女あるいは藩主に仕えた女性だとされることは先に述べた通りである（↓16ページ）。しかし、当時の女性の教育環境を考えると、彼女が遊女であったにしろ藩主に仕えていたにしろ、その教育のほとんどは、彼女たちの「職場」でなされていたと考えられる。

そこで用いられる教材こそが「古典文学作品」群であり、そこでの教育の目的は「文学的教養」を身につけることだったのだ。

当時、社会的階層の異なる女性が、教養ある上流階層の人々と交流する時に必要とされていたことは、古典文学的教養を示すことであった。当時の女性たちにとって、古典文学的教養は習得しておかなくてはならない共通認識だったのである。

だから、武女の文章には、古典文学作品からの引用が多く見られるが、これを決して単なる有名作品の盗作ととらえてはいけない。また、このような文体は、現代の我々にとっては、知識をひけらかすようで嫌味なものと感じられるかもしれない。しかし、武女にとってこの文体は、自分の文章を享受すると考えられる読者層と情報や浪漫《ロマン》や連帯感を得るための、効果的な手段であったことを忘れてはならない。

古典は
一般教養
常識よ！
もーべんきょう
伊勢物語
更級日記
それは
在原業平の
あのシーン
ですね
オホホホホ
あら
あなた
ものしりねぇ
ウフフフ

問1

1 正解は②

2 正解は③

3 正解は④

> 問 傍線部(ア)〜(ウ)の解釈として最も適当なものを、次の各群の①〜⑤のうちから、それぞれ一つずつ選べ。

(ア)「風さへ吹けば、いと心もとなし」

▼まず、選択肢群の構成を分析する。

［甲］であると（ので）、［乙］。

［甲］が原因で、［乙］がその結果である。

次に傍線部(ア)を含む文の構造を分析する。

丸子の宿のうしろの山に火のたかく燃ゆれば、……

風さへ吹けば、いと心もとなし。

◎接続助詞一覧

語	接続	用法
ば	未然形	順接仮定条件（…ナラバ・…タラ）
	已然形	順接確定条件（…ノデ・…トコロ・…ト必ズ）
と とも	終止形	逆接仮定条件（…テモ・…トシテモ）
ど ども	已然形	逆接確定条件（…ケレドモ・…ド） 逆接恒時条件（…テモ・…トキデモ）
が に を	連体形	逆接確定条件（…ケレドモ・…ノニ） 順接確定条件（…ノデ） 単純な接続（…トコロ）
て して	連用形	単純な接続（…テ）
で	未然形	打消接続（…ナイデ）
つつ	動詞・助動詞の連用形	反復・継続（…テハ・…シ続ケテ） 二つの動作の並行（…ナガラ）
ながら	連用形 形容詞の語幹	二つの動作の並行（…ナガラ） 逆接確定条件（…モノノ）
ものの ものを ものから ものゆゑ	連体形	逆接確定条件（…ノニ・…ケレドモ・…モノノ）

副助詞「**さへ**」は現代語の「さえ」と違って添加の意味を表す。「**（そのうえ）…まで（も）**」などと訳す。

甲 の原因は、「そのうえ風までも吹いているので」となるので、正解は①②③に絞られる。

さて、それでは何に加えて「風までも」というのか。それが1行前の「火のたかく燃ゆれば」である。ただでさえ高く火が燃え上がっているのに、そのうえ風までも吹けばどうなるのだろうか。風によって、火勢がさらに強くなってしまうと解釈できるだろう。

続いて、乙 について考えてみる。「**心もとなし**」（「おぼつかなし」と同義語）は「**はっきりしない・ぼんやりしている**」「**心配だ・気がかりだ**」「**じれったい・待ち遠しい**」といった意味の重要古語である。

ここは、「火のたかく燃ゆれば（＝火が高く燃え上がっている）」という状態に、「風さへ吹けば（＝そのうえ風までも吹く）」という現象が加わっている。当然その結果は「火勢がさらに強くなってしまう」と考えられる。これを受けての作者の心情であるから、この「心もとなし」の意味は「心配だ・気がかりだ」と決定できる。

よって、正解は②の「風までも吹いているので、火が燃え広がらないかとても心配である」となる。

◎副助詞一覧

語	用法	接続
だに	類推（…サエモ） 最小限の希望（セメテ…ダケデモ）	体言 連体形 助詞
すら	類推（…サエ（モ））	
さへ	添加（（ソノウエ）…マデ（モ））	
のみ	限定（…ダケ） 強意（タダモウ…バカリ）	種々の語
ばかり	限定（…ダケ） 程度（…ホド・…クライ）	
まで	限度（…マデ） 程度（…ホド・…クライ）	
など	例示（…ナド） 婉曲（…ナド） 引用（…ナドト）	
し	強意　※特に訳さない	

(イ)「さのみは人の焼かずもあらなん」

▼まず選択肢群の構成を分析すると、文末表現にそれぞれ違いがあるとわかる。
次に傍線部(イ)の文の構成を分析する。

さ／のみ／は／人／の／焼か／ず／も／あら／なん

文末の「なん」は未然形に接続しているので、誂《あつら》えの終助詞「**なむ**」とわかる。「誂え」とは、文法用語で、「他者に頼み込んで、自分の願望をかなえるようにさせる」行為である。普通は「**(〜に)…してほしい**」と訳す。

よって、「焼か／ず／も／あら／なん」は「焼かないでいるという状態を続けていてほしい」という意味となる。ここで正解は②③に絞られる。

「さ／のみ／は」は、指示副詞「さ」に副助詞「のみ」と係助詞「は」がついた連語で、その意味は「そうむやみやたらに」である。

よって、正解は③の「早蕨を、そうむやみやたらに焼かないでいてほしい」である。

◎「なむ」の識別

1 未然形＋なむ
↓誂えの終助詞「なむ」

2 連用形＋なむ
↓完了の助動詞「ぬ」の未然形と推量の助動詞「む」で構成された「な／む」

3 連体形・体言・副詞・助詞＋なむ
↓強意の係助詞「なむ」

4 死なむ
↓ナ変動詞の未然形の活用語尾「な」＋推量の助動詞「む」で構成された「死な／む」

(ウ)「おもはむ子を法師になしたらむこそ」

▼選択肢群の構成を分析すると次のようになる。

……**甲** **子を、法師にする** **乙**

甲が「子」の名詞修飾語である。乙については、傍線部(ウ)の「むこそ」に注目して検討する。

[8]（未来）推量の助動詞「む」の文中の用法は、「**仮定**」か「**婉曲**」である。「むこそ」は、連体形「む」の下に形式名詞（「こと」「とき」など）が省略されて、係助詞「こそ」がついた形なので、「**仮定（…たとしたら、それは～／…ならば、それは～）**」の用法となる。よって、乙は仮定条件となる。

以上より、正解は③④に絞られる。

次に傍線部(ウ)を含む文の構造を分析する。

おもはむ子を法師になしたらむこそ、／
　　　　心苦しけれ。

（世間の人が法師のことを）ただ木の端《はし》などのやうに思ひたるこそ、／
　　　　いといとほしけれ。

◎**助動詞「む」の用法**

1推量（…ダロウ）
2意志（…ヨウ・…ツモリダ）
3適当・勧誘（…ガイイ・…マセンカ）
4仮定・婉曲（…トスレバ・…ヨウナ）

[8] **（未来）推量の助動詞「む」の文中の用法**――助動詞「む」の文中の用法は「仮定」か「婉曲」である。そのうち、連体形「む」の下に、形式名詞（「こと」「とき」など）が省略されて、係助詞「こそ」「は」「も」や格助詞「に」がついた「む／こそ」「む／は」「む／も」「む／に」という形をとる場合、一般的に「仮定（…たとしたら、それは～／…ならば、それは～）」の用法となる。もちろん、形式名詞を補って「婉曲」として訳した方がわかりやすい場合もある。

「**心苦し**」とは、「心が切なくなる状態」「苦しさを感じる状態」を表す語である。

では、どんな時に「苦しさを感じる」のだろうか。一つは、相手のことが「心配」で「気がかり」な時だ。そしてもう一つは、相手のことが「気の毒」な時だ。

「**いとほし**」は、動詞「いとふ（厭ふ）」から派生した形容詞といわれている。「苦痛や苦悩で心身を悩ます心情」を原義と考えよう。

❾感情形容詞（人間の感情・感覚を表す）の多くが、属性形容詞（事物の性質・状態を表す）としても用いられるが、「いとほし」❿も「苦痛や苦悩で心身を悩ます心情」を表現する感情形容詞であったが、そのような感情をもたらす対象の「気の毒な状態」という属性を表す属性形容詞としても使用されるようになった。

この「心苦し」と「いとほし」は、二つとも作者、清少納言の時代の「世間」の「法師」に対する評価なので、同じ意味合いで用いられていると考えられる。よって、この「心苦し」も「いとほし」も「**気の毒だ**」の意味で使われているはずである。

以上より、傍線部(ウ)を含む文は「［甲］子を法師にしたとしたら、それは気の毒だ」という意味になるが、出題者は③の「理想的な子」、④の「愛する子」のいずれかを正解としている。どちらも「気の毒」なケースに違いはないが、ここで「おもはむ子」の「おもは」（終止形「思ふ」）という語に注目したい。

動詞「思ふ」は、広く思考や感情などの人間の静的な行動を表す語だが、ここ

---

❾**感情形容詞と属性形容詞**——例えば、「はづかし」は「きまり悪い・恥ずかしい」感情を表現する感情形容詞であったが、そのような感情をもたらす対象の「立派だ・すばらしい」という属性を表す属性形容詞としても使用されるようになった。

❿**「いとほし」と「いとをし」**——他人のことが「気の毒だ」と思えるのは、認知の主体が対象を「かわいそうだ・いじらしい・かわいい」と感じているからである。

「いとほし」は、近世初期に「いとをし」となり、「いじらしい・いとしい」の意が強くなって、現代語の「愛《いと》おしい」となった。

から「（対象を）心配する・愛する」などの積極的な行為をも表現する意味を持つ。

よって、「おもはむ子」は「愛する子」と解釈できる。

また、「子」というからには、この「思ふ」の主体が「子の親」であることに気づきたい。一般論になってしまうが、「親」の「子」に対する感情は、理性よりも愛情が先行するであろうことは、子どものいない受験生にも容易に想像できるだろう。

以上のことから、甲は「愛する」と判断できる。よって、正解は④の「愛する子を法師にしたとしたら」である。

問２

4 正解は⑤

問 【文章Ⅰ】（『庚子道の記』）の傍線部Ａの「昔物語」とは、【文章Ⅱ】の『伊勢物語』を指している。『伊勢物語』にも「修行者」が現れるが、『庚子道の記』のそれとはその性格が大きく異なっている。その相違の説明として**適当でないもの**を、次の①〜⑤のうちから一つ選べ。

▼【文章Ⅰ】と【文章Ⅱ】の対応する箇所を比較してみよう。

文章Ⅰ

宇津の山越えに修行者《すぎやうざ》ふたりみたりあひたり。……
……彼にそぞろなる文《ふみ》などことづけたらば、
物ゆかしがりて、おのれまづひらきても見るらむ……

文章Ⅱ

……宇津の山にいたりて、……修行者あひたり。……
……京に、その人の御もとにとて、文書きてつく。……

登場人物・舞台・状況から考えても、【文章Ⅰ】は【文章Ⅱ】を「（暗示）引用」していると考えざるを得ない。ただし、繰り返すがこれは決して盗作ではない。先行作品である【文章Ⅱ】の『伊勢物語』を典拠にして新たに文を創作したと誰にでもわかるようにした「暗示引用」[11]という技法が用いられているのである。

このような設問に対しては、選択肢の情報が、本文のどの段落のどこに叙述されているかを、できるだけ早く突き止めることが重要である。設問では「説明として**適当でないもの**を選べ」とあるので、「本文の中に相当する叙述があるかどうか。その説明が適切かどうか」を検討していく。

⑪**暗示引用**——引用符によって引用の事実を明示し、原著のテキストを尊重しながら引用箇所を引用符の中に取り込むことを「明示引用」と分類するのに対して、『庾子道の記』では古典作品にある思想や言い回しを非明示的に引用している。このように周知の言葉を引用符なしに用いながら、そこに作者自身の意味合いを付け加えた表現を、一般に「暗示引用」という。（佐々木健一監修『レトリック事典』より）

①『庚子道の記』１行目の「昔物語のけしきにはあらで、馬に乗りて行くなりけり。法師などは、いつも徒歩《かち》にてやつれたらむが、さまよくやさし」に対応する記述である。

『伊勢物語』では「……道は、いと暗う細きに、つたかへでは茂り、もの心ぼそく、すずろなるめを見ることと思ふに、修行者あひたり」とあるから、『伊勢物語』の修行者が乗馬している可能性は極端に低く、徒歩であったと判断できる。また、『庚子道の記』の「いつも徒歩にてやつれたらむが、さまよくやさし」の記述から、徒歩で峠を越える『伊勢物語』の修行者は「正真の求道者」だと判断できる。

②『庚子道の記』２行目の「この行者どもは肥《こ》えあぶらづきて、つねに精進物《さうじもの》のあしきを食ふとは見えざりけり」に対応する記述である。

『伊勢物語』の「修行者」は「見し人なりけり」とあり、主人公（在原業平）はこの修行者に、都の知り合いにあてた手紙をことづけていることから、この修行者は普段は京近辺に居住する、信頼に足る人物と考えられる。在京していた人物がはるばる駿河国まで「徒歩」で行脚《あんぎゃ》してきたと推定できるので、おそらくは「壮健な人物」だと推測される。

③『庚子道の記』３行目の「彼にそぞろなる文などことづけたらば、物ゆかしがりて、おのれまづひらきても見るらむ」に対応する記述である。

『伊勢物語』の修行者が普段は京近辺に居住する、信頼に足る人物と考えられることは、②で述べた通りである。

④『庚子道の記』1行目の「宇津の山越えに修行者ふたりみたりあひたり。昔物語のけしきにはあらで、馬に乗りて行くなりけり」に対応する記述である。『伊勢物語』の修行者が乗馬している可能性は極端に低いことは、①で見てきた。さらに、この修行者に連れがいたことも『伊勢物語』に見えない。

⑤「作者たちに思わせぶりな言葉をかける品のない態度であった」という描写は『庚子道の記』のどこにも見えない。よって、適当でないものは⑤で、これが正解である。

なお、『伊勢物語』の修行者が「信頼のおける人物」であることは、②で見てきた通り正しい内容である。

問３　[5]　正解は②

> 問　【文章Ⅲ】の傍線部Ｂ「これ昔のことなめり。今はいとやすげなり」の語句や表現に関する説明として最も適当なものを、次の①～⑤のうちから一つ選べ。

▼各選択肢を検討していこう。

①「これ」の指示内容は、傍線部Ｂより前の【文章Ⅲ】の全てである。修験者だけでなく、昔の法師・修験者一般に関する作者のイメージ全体のことである。これは誤り。

②ラ行変格活用型の活用語の連体形に推定系の助動詞（「めり」「なり」「らし」「べし」）がつくと、連体形の活用語尾「る」が撥《はつ》音便化して「ん」となり、さらにその「ん」⑫が表記されない場合がある。

ここの「なめり」も、ラ行変格活用型に活用する断定の助動詞「なり」の連体形に推定の助動詞「めり」がついたものである。「なり」の連体形の活用語尾「る」が撥音便化して「ん」となり、さらにその撥音が表記されない形になっている。よって、正解は②である。

③助動詞「**めり**」は視覚的推定の助動詞といわれている。視覚的情報を根拠に、

◎**音便の種類**
1 イ音便――書きて→書いて
2 ウ音便――買ひて→買うて
3 撥音便――飛びて→飛んで
4 促《そく》音便――立ちて→立つて

⑫**「ん」の無表記**――平安時代の中期までは、平仮名「ん」は両唇鼻《りょうしんび》音《おん》［m］を表す文字であり、現代のように［n］（歯茎鼻音《しけいびおん》）、［ɲ］（硬口蓋鼻音《こうこうがいびおん》）、［ŋ］（軟口蓋鼻《なんこうがいび》音《おん》）、［N］（口蓋垂鼻音《こうがいすいびおん》）、鼻母音《びぼいん》などは表記できなかった。よって、両唇鼻音［m］以外の「ん」は表記できず、それぞれ「あ／めり」「あ／なり」「あ／らし」「あ／べし」などと表記されている。

⑬聴覚的情報に基づく推定の助動詞は、伝聞・推定の助動詞「なり」である。

その全貌を推定する機能を持つ。よって、「めり」[13]に「伝聞」の意味はないので誤り。作者も昔の法師や修験者たちの苦難の一端を見てきたものと判断できる。

④ ここの「今は」は直前の「昔のこと」との対比で使われている。「臨終」のことではない。これは誤り。

⑤ ここの「なり」は、形容動詞「やすげなり」の活用語尾である。これは誤り。

問４ 6 正解は②

> 問
> 【文章Ⅰ】（『庚子道の記』）の「修行者・この行者ども」は、【文章Ⅲ】の『枕草子』の「法師・験者」の内容を踏まえたものである。『庚子道の記』と『枕草子』の「法師・修行者」観の相違の説明として、最も適当なものを、次の①〜⑤のうちから一つ選べ。

▼この設問に対しても、**問２**と同様に選択肢の情報が本文のどこに叙述されているかを、できるだけ早く突き止めることが重要である。今度は「最も適当なもの」を選ぶのだから、本文と異なる内容を含む選択肢を排除していく。

また、各選択肢の情報量が少し多いので、選択肢群の構成を考えて、二段階の消去法をとるとよい。

◎推定の助動詞「なり」と「めり」の違い

なり
耳にした情報で推定

おとなりのだんな、○○らしいわよ
フムフム

めり
目にした情報で推定

あのお坊さん大変そう…
ムムム
ツライ
ネムイ
ブツブツ
精進料理

『枕草子』の法師（験者）は……甲だが、『庚子道の記』の行者たちは……乙である。

乙を先に比較すると、③の「好色な人間」、④の「出身階層の高い人間」、⑤の「詐欺を働くような人間」といった記述は、『庚子道の記』の本文中に見あたらない。よって、この時点で正解は①②に絞られる。

次に甲の部分を比較すると、①には「人間の感情など持ちあわせていない冷徹な人間」とある。

【文章Ⅲ】『枕草子』の1行目に「精進物のいとあしきをうち食ひ、寝《い》ぬるをも（世間の人はやかましく言う）」とはあるが、それが「冷徹な人間」であるかのような記述はない。それどころか、「女などのある所をも、などか忌《い》みたるやうに、さしのぞかずもあらむ」などとあるので、彼らも血の通った普通の人間であったことがわかる。そのため、①は適当ではない。

よって、正解は②である。

『枕草子』の法師
修行じゃ〜
信心深そうだな
戒律はゼッタイ!!
ツヤツヤ
プワー
ごっつぁんです
この坊さん戒律まもってなさそう
『庚子道の記』の行者

問5　7・8　正解は③・⑥（順不同）

問　次に掲げるのは、生徒たちと教師が交わした授業中の会話である。【文章Ⅰ】〜【文章Ⅲ】に関して、【文章Ⅰ】の『庚子道の記』の解釈として、会話の後に生徒たちから出された発言①〜⑥のうち、適当なものを**二つ**選べ。ただし、解答の順序は問わない。

▼「内容一致」の設問は、従来のセンター試験でも多くは最後に設定された。この設問形式は、その選択肢の表現が「複数の人間の意見」[14]として表現されただけともいえる。

間違えないでほしいことは、これらが評論や個人的見解では決してないことである。正誤を決める根拠となる要素が、必ず本文の中にある。それがどこにあるのかを考えて、本文中を探すことが重要だ。「答え」は本文の中に必ず存在するのだから。

ちなみに、本書では、文学史や古文常識の知識を身につけるのに役立つよう、選択肢群の前にやや多めに情報を提示してある。本物の「共通テスト」と比べると面倒なようだが、これは筆者の親心によるものであると考えて、味わいつつ読んでほしい。無駄な情報だと切り捨てないで、じっくり読んでいただくことを強

---

⑭ **複数の人間の意見**――これは、中央教育審議会答申における「話すこと・聞くこと」領域の学習への配慮だと思われる。

く願うものである。

では、各選択肢の検討に入ろう。

①パロディーとは、「ある作品を模倣しつつ、歪《ゆが》みを加えて滑稽な効果を生み出す技法」（『レトリック事典』前述）である。『庚子道の記』は紀行文であり、『伊勢物語』のパロディーではない。また、「作者が訪れたことのない宇津の山の話」のところも誤り。作者は実際にこの地を歩いている。この意見は事実誤認である。

②「無意識のうちに」「それと意識しないままで綴」ることなどあり得ない。前述した通り（↓29ページ）、この作品には「暗示引用」などの技法がふんだんに使われており、むしろ作者の武女は意識的に『伊勢物語』や『枕草子』などの一節を用いて文章を綴っているといえる。ちなみに無意識の記述をオートマティスム⑮というが、これはもはやシュールレアリスム⑯かオカルト⑰の範疇《はんちゅう》である。

③「**本歌取り**⑱」とは、先行する優れた和歌作品の表現・発想・趣向などを意識的に取り入れる表現技法のことで、次の歌に用いられている。

本歌（文章Ⅰの注3）

のこりなく／散る／ぞ／めでたき。
桜花、あり／て／世の中／はて／の／憂《う》けれ／ば。

---

⑮**オートマティスム**―― Automatisme。

⑯**シュールレアリスム**―― surréalisme。理性の支配を脱して、非合理的なものや、意識下の世界を好んで表現する絵画・詩などの芸術革新運動。超現実主義。

⑰**オカルト**―― occult。神秘的・超自然的な現象。

⑱**本歌取り**――参考にする和歌のことを「本歌」という。本歌取りの技法を使うと、「本歌」と「本歌取りの歌」が連続したストーリーを構成するようになり、本歌の世界観と本歌取りの歌の世界観が、解釈する者のイメージの中で豊かに重なり合いながら展開される。本来31音節しか使えない和歌だが、「本歌取りの歌」は62音節以上の情報量を発することができるようになるのである。

本歌取りの歌（文章Ⅰ）

雲／と／見え、雪／と／散り行く／はて／は、また／花／の／波／たつ。宇津／の／山河。

本歌取りの歌の解釈は通釈を（↓19ページ）、本歌の解釈は脚注⑲をそれぞれ参照してほしい。

・これら二つの歌に共通する語「はて」は、動詞「果つ」の連用形が名詞化したもので、「物事・事象の最後」を意味する。

本歌の「はて（＝最後）」は「憂けれ」というが、本歌取りの歌の「はて（＝最後）」は「また／花／の／波／たつ」というのである。つまり、本歌ではつらく惨めなはずの「はて」だが、本歌取りの歌では、「はて」のそのまたさらに「はて」が存在し、それが再び華やかな煌《きら》めきを放つのだと詠んでいるのである。

「**擬人法**」は「人間以外のものを人間に見立てて表現する修辞法」だが、これは次の歌に使われている。

やよ、すみれ。心にまかす旅ならば、一夜は寝なん。宇津の山辺に。

⑲**のこりなく散るぞめでたき桜花ありて世の中はての憂ければ**——残ることなくきれいさっぱりと散るところがすばらしいのだ。桜の花というものは。いつまでも残っていても、この世の中は最後が厭わしくやりきれないものだから。

宇津の山に咲く菫《すみれ》を地元の人に見立てて、呼びかけの感動詞「やよ」を使い、「思いのままにできる旅であったとしたら、今夜一晩はお前と一緒に寝てしまうのになあ（それもできないのよ）」と語りかけるという工夫である。

「掛詞《かけことば》」[20]も、次の歌に使われている。

春の野に下もえいそぐ早蕨《さわらび》を、さのみは人の焼かずもあらなん。

この「もえ」は「萌《も》え」と「燃え」の掛詞である。よって、③は正しい。

④「掛詞」を使っていないというのが明確な誤りである。

⑤⑥『庚子道の記』の最後から2行目の「ただ春のひに」には、**引歌《ひきうた》**[21]という技法が使われており、その引用元の歌（「引歌」という）が、問題文の（注5）の『新古今和歌集』の歌である。

「ただ春のひに」の前後の文と「引歌」を分析してみる。

「ただ春のひに」の前後の文

……「あれはいかに」と問へば、／「蕨《わらび》のため焼くなり」といらふ。

「ただ春のひに」と思はるるに、／風さへ吹けば、いと心もとなし。

---

⑳**掛詞**──和歌の修辞法の一種。同じ音で意味の異なる語を使用して、表現に二通りの意味を持たせる技法（→42ページ）。

㉑**引歌**──有名な和歌の一部分を散文に取り込む技法。取り込まれた有名な和歌のことも「引歌」と呼ぶ。直接的な表現が避けられており、有名和歌の引用部分以外の表現の一部を、引用した散文のところに「添加」したり、「入れ替え」たりしなければ、本当の意味を理解できないため、和歌の知識・教養のない者は、いったい何を言われているのかまったくわからない。自分の教養や知識を自慢するかのような、とてもいやらしい表現技法である。

　しかしながら、入試問題としては便利な技法であり、センター試験などで頻繁に出題された。

　よって、受験生においては、引歌の解釈方法を確実に理解しておく必要がある（→41ページ）。

「引歌」 入れ替え

焼かずとも、草はもえなん。㉒春日野《かすがの》は、ただ春のひに任せたらなん。

引用部分

引歌の対処法は、**注㉑**にある通りである。引歌の技法が用いられている散文を解釈するには、「引歌」の引用部分以外の表現の一部を、引用した散文のところに「添加」したり、「入れ替え」たりする必要がある。

まず、「引歌」の表現から、引用部分である「ただ春のひに」を差し引いて、残りの表現から、散文箇所の意味に通ずる部分を抜き出して、散文に「添加」あるいは「入れ替え」をするのである。

ここは、散文の「ただ春のひに」を、「引歌」の中の「焼かずとも、草はもえなん」と入れ替えると「『焼かずとも、草はもえなん』と思はるるに（＝『野焼きなどせずとも、草はきっと芽吹くだろう』と思われるが）」となり、論理的に整合性を持つ文章となる。以上より、⑥が正しい。

よって、正解は③と⑥である。

㉒**焼かずとも草はもえなん春日野はただ春のひに任せたらなん**――野焼きなどせずとも、草はきっと芽吹くでしょう。春日野はただ春の日の光に任せておいてほしいものです。

重要単語リスト

単語	品詞	意味
□ けしき【気色】	名	1 様子　2 顔色　3 機嫌　4 意向
□ やさし【羞し・優し】	形	1 優美だ　2 殊勝だ
□ そぞろなり【漫ろなり】	形動	1 なんということもない　2 理由がない　3 思いもよらない
□ ゆかし	形	1 見たい・聞きたい
□ あはれなり	形動	1 しみじみと感動的だ
□ おぼゆ【覚ゆ】	動	1（自然と）思われる　2 似ている
□ めでたし【愛でたし】	形	1 立派だ・すばらしい
□ おどろく【驚く】	動	1 驚く・びっくりする　2 はっと気づく　3 目を覚ます

単語	品詞	意味
□ こころもとなし【心許なし】	形	1 はっきりしない・ぼんやりしている　2 心配だ・気がかりだ　3 じれったい・待ち遠しい
□ うし【憂し】	形	1 嫌だ・つらい　2 冷たい
□ いかで【如何で】	副	1 どうして…か　2 どうして…か、いや…ではない　3 どうにかして…
□ いとほし	形	1 気の毒だ　2 いじらしい
□ こうず【困ず】	動	1 疲れる　2 困る
□ ところせし【所狭し】	形	1 窮屈だ　2 堂々とした　3 大げさだ

知識の総整理

◆引歌《ひきうた》の解釈方法

引歌とは、有名な和歌の一部分を散文に取り込む技法のこと。取り込まれた有名な和歌のことも「引歌」と呼ぶ。

引歌の技法が用いられている文章は、それだけを読んでも意味が通じないことが多い。引用された「引歌」を踏まえて解釈しなければいけないのである。そのため、引歌の技法が用いられている文章を解釈するには、以下の手順をふむ必要がある。

❶「引歌」の中から、散文中に引用されている表現と似ている部分を見つける。

❷「引歌」の中の、❶で見つけた表現以外の部分から、適当な表現を引き出す。

❸❷で引き出した表現を、散文中の表現に「添加」あるいは「入れ替え」する。

例　引歌の解釈方法

● 散文だけでは解釈できない文がある。

散文（『住吉物語』）

……うちおどろきて、夢と知りせばと悲しかりけり。

（このままでは解釈できない）

● 「引歌」の表現の一部を散文に盛り込んでみる。

「引歌」（『古今和歌集』）

思ひつつ寝《ぬ》ればや人の見えつらむ
夢と知りせば　覚めざらましを

（似ている表現）（散文に表現を添加する）

散文（『住吉物語』）

……うちおどろきて、夢と知りせば　覚めざらましを
と悲しかりけり。

● 散文が解釈できるようになる。

散文の解釈

……はっと目覚めて、これが夢だとわかっていたら、夢から醒《さ》めなかっただろうにと思うと、悲しかったのだった。

（解釈できるようになる！）

◆和歌の修辞法

●**掛詞《かけことば》**――同じ音で意味の異なる語を使用して、表現に二通りの意味を持たせる技法。その機能には次の三種類がある。

[1]直列的機能を持つ掛詞

忘れじな難波《なには》の秋の夜半《よは》の空
　こと浦に［すむ］月は見るとも
（すむ：住む／澄む）
（『新古今和歌集』）

（忘れないだろうなあ、この難波《なにわ》の秋の夜半《よわ》の空を。たとえこの後、他の浦に住んで、澄んだ月を見ることになったとしても。）

[2]並列的機能を持つ掛詞

あらたまの年の終《をは》りになるごとに
　雪も我が身も［ふり］まさりつつ
（ふり：降り／古り）
（『古今和歌集』）

（年の終わりになるたびごとに、雪もいっそう降りしきり、我が身も年々ますます年老いてしまう。）

[3]「縁語《えんご》」を構成する掛詞

君が名も我が名も立てじ
　［難波なる］［みつ］とも言ふな［あひき］とも言はじ
（〈縁語〉　みつ：御津／見つ　あひき：網引き／逢ひき）
（『古今和歌集』）

（君の名前も、私の名前も、噂には立てまい。あなたも「見た」とも言うな。私も「あなたと逢った」などとも言うまい。）

※「難波（なる）」と「御津《みつ》」と「網引《あび》き」は縁語。
　普通、縁語は訳さない。

※主な掛詞

あき――飽き・秋
あふひ――葵・逢ふ日

あふみち――近江路・逢ふ道
あま――尼・雨
あやめ――菖蒲・文目（物事の筋道）
いく――行く・生く
いね――稲・去ね
いはしみづ――石清水・言はじ
うき――憂き・浮き
うさ――憂さ・宇佐
うら――浦・心
えに――江に・縁
おもひ――思ひ・火
かげ――影・鹿毛
かひ――貝・効
かる――枯る・離る
きく――菊・聞く
きし――岸・来し
くれど――繰れど・来れど
けさ――袈裟・今朝

こ――子・籠
すみよし――住吉・住み良し
すむ――住む・澄む
そる――剃る・逸る
たつ――立つ・裁つ・断つ・竜田山
つくし――筑紫・心尽くし
ながめ――眺め・長雨
なきさ――渚・無き
なみ――波・無み
ね――寝・根・音
はる――春・張る
ひとり――火取り・独り
ひむか――日向・日に向かひ
ふみ――文・踏み
ふる――降る・古る・経る
みづはくむ――水は汲む・みづはぐむ（＝非常に年老いる）
みをつくし――身を尽くし・澪標

●**序詞**《じょことば》――二句以上の叙景的な表現が、主想部の前に置かれる時に、その叙景的な表現の部分を序詞という。その構造から分類すると次の三種類がある。

1 同音反復の序詞

石上《いそのかみ》布留《ふる》の中道《なかみち》なかなかに
見ずは恋ひしと思はましやは
（『古今和歌集』）

（石上の布留の中道の「なか」ではないが、なまじ、あなたと契りを結ばなかったとしたら、私はあなたのことがこんなに恋しいと思っただろうか、いいや思わなかっただろうに。）

※「石上布留の中道」は序詞。

2 掛詞の序詞

五月山《さつきやま》梢《こずゑ》を高み郭公《ほととぎす》
鳴く音《ね》 空《そら》なる 恋《こひ》もするかな
（音→空／なる　空なる→恋）
（『古今和歌集』）

（五月の山は、梢《こずゑ》が高く伸びているので、郭公の鳴く声が空から聞こえるの「空なる」ではないが、心も上の空であるような恋もすることよ。）

※「五月山梢を高み郭公鳴く音」は序詞。

3 比喩の序詞

春日野の雪間をわけて生ひ出でくる
草の はつかに見えし君はも
（『古今和歌集』）

（春日野の残雪の間を押し分けて萌え出る若草のように、ほんのわずかに見えた、あなたであることよ。）

※「春日野の雪間をわけて生ひ出でくる草の」は序詞。

●**枕詞《まくらことば》**――一句五音節（まれに三・四音節のものもある）で、主想表現と直接の意味的関連がなく、被修飾語（被枕詞）だけを修飾する。被修飾語へのかかり方は慣習的・固定的で、一定の枕詞が一定の語にかかるのを普通とするが、類似の語に拡大してかかる場合もある。枕詞は訳さない。五〇語程度が知られているが、次の主なものを知っていればよい。

あかねさす――「日」「昼」「紫」「君」などにかかる。

あしひきの――「山」および「山」を含む語「山田」「山鳥」などにかかる。

あづさゆみ――「引く」「張る」「射る」「反《かへ》る」「寄る」「音」「本《もと》」「末《すゑ》」などにかかる。

あまざかる――「ひな」「向かふ」にかかる。

あらたまの――「年」「月」「日」「春」などにかかる。

うつせみの――「世」「命」「人」「身」などにかかる。

からころも――衣服に関する語、「着る」「裁つ」「裾」「袖」「紐《ひも》」などにかかる。

くさまくら――「旅」「旅寝」などにかかる。「旅」と同音の「度」にもかかる。

くれたけの――竹の節に関する意から、「ふし」「よ」「よる」「言の葉」「末」にかかる。

たまきはる――「命」「うち」「幾世」などにかかる。

たまづさの――「使ひ」「妹《いも》」などにかかる。

たらちねの――「母」「親」にかかる。

ちはやぶる――「神」、地名の「宇治」にかかる。

ぬばたまの（むばたまの・うばたまの）――「黒」「夜」「夕」「宵」「髪」などにかかる。

ひさかたの――「天《あめ》《あま》」「空」「月」「雲」「雨」「光」「夜」「都」などにかかる。

わかくさの――「妻《つま》」「夫《つま》」「新《にひ》」にかかる。

●**縁語**《えんご》――一首の歌の中に、掛詞などの意味を二つ持つ言葉が複数ある場合、主想部に直接関係ないところで、ある一連の叙景的な語を用いて構成しようとする技法、あるいはその語。例文は掛詞の「3『縁語』を構成する掛詞」を参照。

解答解説 第2回

解説動画

出演：栗原隆先生

設問	解答番号	正解	配点	自己採点①	自己採点②
問1	1	①	5		
	2	④	5		
	3	④	5		
問2	4	①	6		
問3	5	①	6		
問4	6	④	6		
問5	7-8	①-④	12（各6）		
合計（45点満点）					

（注）－（ハイフン）でつながれた正解は，順序を問わない。

第2回 ……… 近世小説と引歌

出典

◆『西山《にしやま》物語』

建部《たけべ》綾足《あやたり》作の❶読本《よみほん》。一七六八年刊。前年の、いわゆる「❷源太《げんた》騒動」という実話を題材にし、大森七郎の妹かへと同族である八郎の息子宇須美《うすみ》との悲恋を美しい擬古文で綴《つづ》った、読本初期の秀作とされている。

作者の建部綾足（一七一九～七四年）は、江戸時代中期の俳人であり、また❸国学者・小説家・画家としての顔をあわせ持つ、多芸多才の文人であった。

綾足は家老の次男でありながら、二〇歳の時に兄嫁と不倫の恋に落ち、それ以降諸国を放浪するという数奇な生涯を送った熱情と浪漫《ロマン》の人であった。この『西山物語』の登場人物たちにも、その狂気に近い熱情が反映されている。

その一方、❹賀茂真淵《かものまぶち》に入門したりして培った国学的な教養も、文章の端々に露見する。この問題文にも、『古今和歌集』や『❺万葉集《まんようしゅう》』が「引歌《ひきうた》」として用いられている。

◆『古今和歌集』

第1回を参照（↓17ページ）。

---

❶**読本**——江戸時代中・後期に作られた小説の一種。中国小説の影響を強く受け、怪異性・伝奇性が色濃く、漢文訓読体や擬古文体で表現する点に特色がある（↓70ページ）。

❷**源太騒動**——京都一乗寺村の武士渡辺源太が、恋愛問題のもつれから、同族である渡辺団次《だんじ》の所に妹やゑを同道し、その首を斬り落とした事件。上田秋成《うえだあきなり》ものちに同じ題材で、『ますらを物語』『死首《しくび》の咲顔《えがお》』（『春雨《はるさめ》物語』所収）を書いている。

❸**国学**——江戸時代中期に興った学問の一つ。『古事記』『日本書紀』『万葉集』など、日本の古典を研究し、我が国固有の文化を究明しようとしたもの。漢学に対して古学・和学などと呼ばれた。

❹**賀茂真淵**（一六九七～一七六九）——江戸時代中期の国学者・歌人。『万葉集』を中心に日本古典文学の文献学的研究を行い、万葉調の歌を詠み、復古的な思想を唱えた。主著に『万葉考《まんようこう》』『祝詞考《のりとこう》』などや、家集『賀茂翁家集《かもおうかしゅう》』がある。

◆『万葉集』

現存最古の和歌集。二〇巻。歌数は約四五〇〇首。七五九年（天平宝字《てんぴょうほうじ》三年）以後の成立。大伴家持《おおとものやかもち》が現在の形に編纂《へんさん》したと考えられている。歌体は、長歌・短歌・旋《❻せ》頭歌《どうか》が主で、作者は、皇族・貴族層から庶民層まで広い階層にわたっている。その素朴・率直な歌風は、「万葉調」「ますらをぶり」などと称される。

通釈

◆『西山物語』

灯明《❼とうみょう》が二つとも暗くなったので、経を読むのを途中でやめて、立って行って灯心をかき立てようとすると、「あかりはそのままにして、照らさないでください」と言う声がした。見ると、白い着物を身にまとった少女が、頭の髪はあくまで黒々として、うつ伏せに伏せっている。

（宇須美が）「そのようにおっしゃるのはどなたですか。こんな暗いのに」と言うと、（かへは）「忘れ草の種子を、早くもお心にお播《ま》きになりましたね」と、ほっそりした頭を上げたが、その人を見るやいなや、（宇須美は）呆然《ぼうぜん》として心が縮み上がり、現世の人かと思い迷ったので、「これは悪戯《いたずら》めいたお振る舞いだな。まあ、今までどこへ行っていらしたのですか。手紙もくれないで」と言うと、（かへは）「さあて、そのことでございます。今住んでおります国は穢《けが》ればかり多くて、人の便りとてない所で

---

❺問題文の最後から2行目の「『かきさぐれども手にも触れねば』と、ひとりごちつつふしける」の部分で、次の和歌による引歌の技法が用いられている（➡71ページ）。

夢のあひはくるしかりけり驚きてかきさぐれども手にもふれねば
（『万葉集』）

❻**旋頭歌**――『古事記』『日本書紀』『万葉集』などに見られる和歌の歌体の一つ。「五・七・七、五・七・七」の六句からなる歌。

❼**灯明**――古代から用いられていた室内用の照明具。灯明皿に植物油を注いで、ひも状の灯芯に染み込ませて火をともした。神仏に供える灯火としても用いられた。

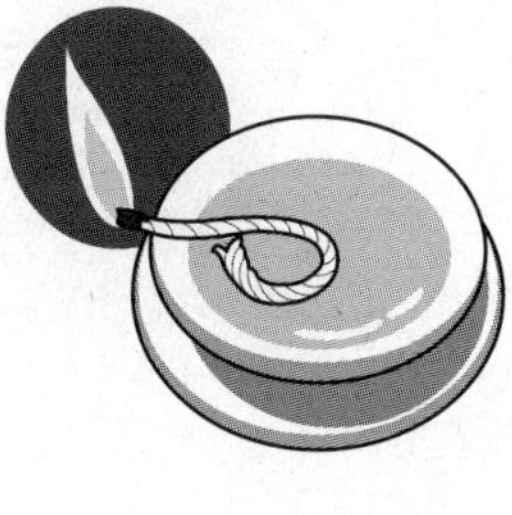

ございますので、心ならずもご無沙汰申し上げてしまいました」。「そんな所へ、どうして参られたのですか」と申し上げると、（かへは）しばらくの間はさめざめと泣いて、「おそばを離れて、どんな思いがあって参りましょうか。兄の七郎が、私の胸先をつかんで、『何ごとも願いはかなわない。早く行け』と、氷のような剣を抜いて、私を（この世から）追い放ちましたので、（私はその時）さかさまになったと思いましたが、（次の瞬間）ひどく暗い国に出ました。そして、その国の恐ろしいことは限りありません。……（中略）……このような苦しみは、この地上では見も聞きもしませんが、ほんの少しの隙にでもこちらへ立ち戻って来て、恋しい人の姿形を見る時は、その苦しさもすっかり忘れるのです。また、そのお方の手から、水を賜《たま》い、花を賜い、あるいは恋しいとも、逢いたいとも、心に思ってくださり、言葉に述べてくださるのを、影のように人知れずひそやかに付き添って、うけたまわる時は、……（中略）……そのたびに何度も、あの苦しみも、このうれしさに一変させるように思われるのでございます。もし、いつまでもこのようにして逢いたいと思《おぼ》し召すならば、（あなたは）絶対に仏の道になどお入りにならないで、悟りの道になど到達してくださいますな。たとえ、御身を墨染《すみぞ》めの衣にお包みになることがあっても、お心さえ晴れることがなければ、恋しいと思ってくださるお心につきまとって、私は幾度も幻の中に、もとの姿をお見せ申し上げましょう」と言いながら、男に寄り添った。

男はとてもうれしくて、「そんなこととは知らず、その暗く恐ろしい国に、お供も

せず、ただお一人で、さすらわせ申し上げたとは、悔やまれることです。こうして通って来られるのは、道のりも遠いことでしょう。その時さえわかるならば、お車なりと差し上げましょう。願わくば、そんな恐ろしい国にはお帰りにならず、どうかいつまでもここにとどまってください。兄君にはいかようにも私がおとりなし申し上げましょう」と言ったところ、（かへは）またすすり泣いて、「そのように、正気も失って正しい判断もおできになれないようなご様子を見るにつけても、とてもとても悲しゅうございます。今申し上げましたように、日に千度、夜に百度、たとえ夢の中にでも、恋しいとさえ思ってくださいますならば、（あなたの）そのお思いこそが、（私の）最上の迎えの車なのでございます。たとえ、火炎の中におりましても、そのたびごとに、通い続けながら、お心にお付き添い申し上げましょう。かえすがえすも、私をいとしいとお思いくださるのなら、お心の悟りをお開きくださいますな。また、（もしも）お心の悟りを開かれた時は、私の帰って来る手立てがございません。そんな時こそが、永遠の別れとご理解ください。さあ、こうお話し申し上げているうちに、黄泉《よみ》の大王がお待ちであると冥府の使者がやって来て、何度も私を呼ぶ声がしているようです。もう、帰らなくてはなりません。明日の夜、また人を寝静まらせて、ここでお待ちくださるならば、（私は）迷い出て来て、❽（あなたと）契りを交わし申し上げましょう」と、力なく立って行くと見ると、（かへは）煙のように消え失《う》せてしまった。

「これ、どこへ行くのか。恐ろしい国などへどうしてお帰りになるか。私がお供し

---

❽**あなたと契りを交わし申し上げましょう**――平安時代の文学では、女性の霊魂《たましい》が生霊や死霊になって現れる話型は数多く存在するが、それが執着する男と契るという話型の例は見あたらない。この話型がいつ、どのように日本文学にもたらされたのかを考えることは、学問的にも興味深い。

て行きましょう。おおい、お待ちください」と呼んで、走って行こうとするのだが、それを、看病に付いていた老女たちが、「あなたは夢を見ておられるのか。本当に気でも違ったようですよ」と、すぐに近づいて、袂《たもと》をおさえると、（宇須美は気がつき）「それでは、これは夢であったのか」と、何度も思い直したけれど、あまりにも鮮明だったので、ますます恋しさが募って、「夢の逢瀬《おうせ》はつらいことよ」と独りごとを言いながら、横になったということである。

◆『古今和歌集』巻一五　恋歌五　素性法師

忘れ草という植物は何をその種とするのかと、私は以前から疑問に思っていたが、それは薄情なあの人の心であったのだなあ。

解説

近世（江戸時代）、泰平の世が続き、貨幣経済が定着すると、出版業者という新しいジャンルの商人が登場する。

また、寺子屋《てらこや》などの初等教育が普及し、庶民の中にも文字を読める人の数が増えてくると、読書をする人の数も爆発的に増加した。

こうして、出版業者から庶民の手もとに「草子《そうし》（草紙）」と呼ばれる安価な書籍が届けられるようになった。その中で作り話の性格が強く、現在の「文学」概念にも当て

◎**草子（井原西鶴《いはらさいかく》『武道伝来記《ぶどうでんらいき》』）**
——草子と呼ばれる書籍には絵が入っており、広い階層に親しまれた。『武道伝来記』は浮世《うきよ》草子。

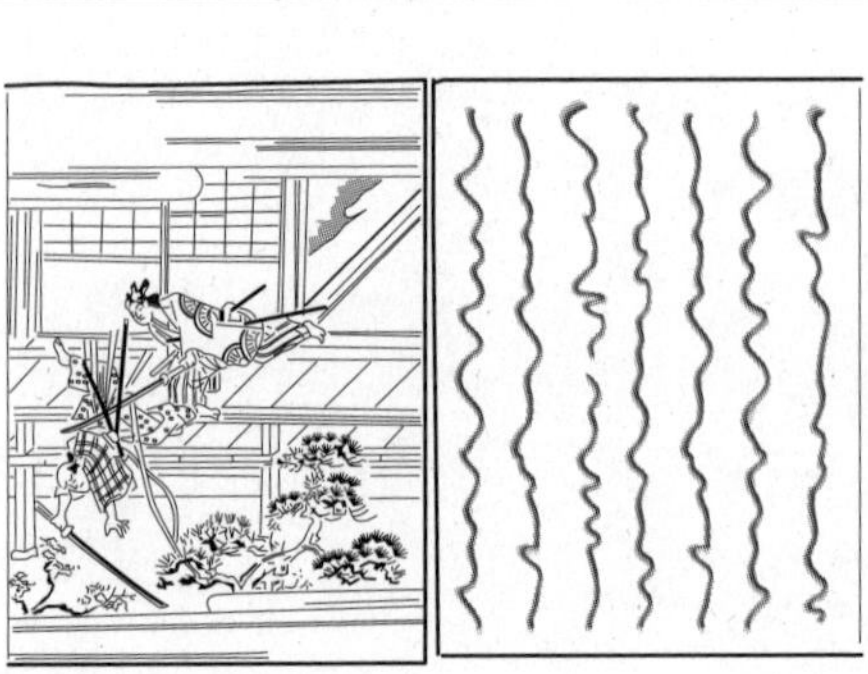

はまる内容を持つ作品のことを、文学史用語で「近世小説」[9]と名づけている。本文の出典である読本『西山物語』も、近世小説の作品である。

問1

1 正解は①

2 正解は④

3 正解は④

> **問**
> 傍線部(ア)〜(ウ)の解釈として最も適当なものを、次の各群の①〜⑤のうちから、それぞれ一つずつ選べ。

(ア)「かならず仏《ほとけ》の道に入《い》りて悟道《さとりごころ》にな帰《かへ》したまひそ」

▼まず選択肢群の構成を分析すると、文末表現にそれぞれ違いがあるとわかる。
次に傍線部(ア)の構成を分析する。

かならず／**仏の道**／**に**／**入り**／**て**／**悟道**／**に**／**な**／**帰し**／**たまひ**／**そ**。

副詞「**な**」は、終助詞「**そ**」と呼応[10]して**やわらかな動作の禁止**の意味を表し、「**…しないでおくれ**」と訳す。ここで正解は①⑤に絞られる。

---

[9] **近世小説**――御伽《おとぎ》草子・仮名《かな》草子・浮世草子・洒落本《しゃれぼん》・読本・滑《こっ》稽本《けいぼん》・人情本《にんじょうぼん》・草双紙《くさぞうし》などに分類されている（→70ページ）。

[10] **呼応の副詞**――呼応の副詞には、「な…そ」の他に次のようなものがある。

1 不可能
え…ず → …できない

2 察知
はやう…けり → なんとまあ…だったことよ

3 否定
よも…じ → まさか…まい
さらに…打消 → まったく…ない

4 禁止
あなかしこ…な → 決して…するな（強い禁止を表す）

また、かへの後（第三段落６行目）の言葉の中に「かへすがへす吾《われ》をめぐしとおぼさば、御心の悟りを開きたまふな。また御心の悟りだちたまふ時は、我帰り来べきたよりなし。さる時ぞながき御別れと知りたまへ」とあることによっても、「悟道／に／な／帰し／たまひ／そ」は「御心の悟りを開きたまふな」と同義であるとわかるだろう。

次に、副詞「かならず」がどの語句にかかるかということと、接続助詞「て」の機能を考える。

まず、副詞「かならず」は「仏の道／に／入り」にかかっていないことに注意したい。「かならず」は禁止「な…そ」と呼応して「絶対に…しないでおくれ」という意味を表しているのである。

続いて接続助詞「て」について検討する。接続助詞「て」には、その前後の文章の時制と出来事を連続的に描写する機能がある。すなわち傍線部(ア)の場合、「仏の道／に／入り」と「悟道／に／帰し」は同じ時制、かつ連続した動作ということになる。それを踏まえて傍線部(ア)の構造を分析すると、次のようになる。

かならず／仏の道／に／な／入り／たまひ／そ。
（そして）
かならず／悟道／に／な／帰し／たまひ／そ。

◎終助詞一覧

語	接続	用法
な	終止形	禁止（…ナ）
（な）…そ	連用形	禁止（…シナイデクレ）
ばや	未然形	自己の希望（…シタイ）
なむ	未然形	誂えの願望（…シテホシイ）
もが もがな	体言 形容詞の連用形 連用形	願望（…ガアッタラナア・…ガホシイ）
てしが てしがな にしが にしがな	連用形	自己の希望（…シタイ）
な	文末	詠嘆（…ナア）
か かな	体言 連体形	詠嘆（…ナア）
かし	文末	強意・念押し（…ヨ・…ダヨ）

「かならず〜な…そ」で禁止する動作は、「仏の道／に／入り」と「悟道／に／帰し」の双方である。直訳すれば、「絶対に仏の道にお入りにならないで、悟りの道に到達してくださいますな」となる。

以上のことから、正解は①の「絶対に仏の道になどお入りにならないで、悟りの道になど到達してくださいますな」である。

(イ)「さうつつなくおはするを」

▼解釈の問題を全て文脈で解こうとする受験生がいる。もちろん、これで正解する場合もあるかもしれないが、出題者はそんな安易な問題はまず作らないと思った方がよいだろう。

傍線部(イ)の解釈として、現代語感覚の文脈で選択肢群を当てはめてみると、全ての選択肢が不自然ではなく当てはまるだろう。絶対とは言わないが、古文の解釈問題に「現代語感覚の文脈」は通用しない。

傍線部(イ)の構成を分析する。

さ／うつつ／なく／おはする／を

「さ」は指示副詞で「**そう・そのように**」の意味。「**うつつ**」⑪は名詞で、「**現実・**

---

⑪**うつつ**――現代でも「夢か現《うつつ》か幻か」という表現で残っている。

実在」や「**正気**」などの意味を表す。

傍線部(イ)はかへの会話文中で、その主体は、尊敬語「おはする」があることから「あなた（＝宇須美）」とわかる。直訳すれば、「そのように、正気を失っていらっしゃるのを」となる。

よって、正解は④の「そのように正気も失って正しい判断がおできにならないご様子を」である。

(ウ)

「泉下《したべ》の使《つかひ》の来《き》たちよばふ声すなり」

▼まず、傍線部(ウ)の構成を分析する。

泉下の使／の／来たち／よばふ／声／す／なり

また、選択肢群の構成を分析すると、文末表現に違いがあるので、最初に文末の「声／す／なり」を検討する。

⑫サ行変格活用の動詞「す」の終止形につく「なり」は、**伝聞・推定の助動詞「なり」**である。ここで正解は②④に絞られる。

次に動詞「**よばふ**」⑬は「**何度も呼ぶ**」「**男が女に求愛・求婚する**」という意味だが、今回の文脈ではどちらの意味とも決めがたい。

◎**「なり」の識別**

1 終止形＋なり
→伝聞・推定の助動詞

2 連体形／体言＋なり
→断定の助動詞

3 ものの性質・状態＋なり
→形容動詞ナリ活用の活用語尾

4 ～に／～と／連用形＋なり
→ラ行四段動詞「なる」の連用形

⑫断定の助動詞「なり」であるならば、連体形「する」につく。

⑬**よばふ**――「呼ぶ」の下に継続を表す「ふ」という接尾語がついてできた動詞。「何度も何度もその名を呼ぶ」という意味から「男が女に求愛・求婚する」という意味にもなった。

よって、傍線部(ウ)の主体「泉下の使」の実体を確かめるために、その前後の部分を見てみる。

「黄泉大王の待たせたまふ」とて、泉下の使の来たちよばふ声すなり。今は帰りなむ。

泉下の使は、「黄泉大王の待たせたまふ」と言っている。この「黄泉」⑭とは「死者の住む国」を意味する言葉である。さらに泉下の使は黄泉大王に対して「たまふ」と尊敬語を使って敬意を示していることに留意する。

以上のことから、泉下の使とは「黄泉の大王の使者」のことだと判断できる。この「黄泉の大王の使者」の「よばふ声」を聞いたかへは、現世から冥界に「今は帰りなむ」と言っているのである。かへは冥界から宇須美に逢うために現世に迷い来ていたのであるから、ここでの泉下の使の「よばふ」行為は、求愛ではなく「（冥界に帰ってこいと）何度も呼ぶ」行為だと解釈するのが妥当であろう。

よって、正解は④の「黄泉の大王の使者がやって来て、何度も呼ぶ声が聞こえるようです」である。

---

⑭**黄泉の国**――死者の住む地下世界のこと。『古事記』『日本書紀』の時代から用いられている言葉で、古代以来の日本人の「死生観（生や死に関する考え方）」を考えるうえで重要な観念である。

問２ 4 正解は①

問

傍線部Ａ「忘れ草の種をば、早くも御心に蒔《ま》かせたまへるなり」の「忘れ草」とは、次の和歌による表現である。

忘れ草なにをか種と思ひしはつれなき人の心なりけり

（『古今和歌集』巻一五 恋歌五 素性法師）

これを参考にすると、ここではどのようなことをいっていると考えられるか、最も適当なものを、次の①～⑤のうちから一つ選べ。

▼第１回にも登場した**引歌**⑮の技法である（↓38ページ）。傍線部Ａ「忘れ草の種をば、早くも御心に蒔かせたまへるなり」という散文の表現だけでは何をいっているのかまったくわからない。そこで、まずは散文の表現と「引歌」の中の表現とを比較して、似通った部分を抽出する。

かへの会話文

添加

「忘れ草の種をば、早くも御心に蒔かせたまへるなり」

⑮**引歌**――有名な和歌の一部分を散文に取り込む技法。取り込まれた有名な和歌のことも「引歌」と呼ぶ。直接的な表現が避けられており、有名和歌の引用部分以外の表現の一部を、引用した散文のところに「添加」したり、「入れ替え」たりしなければ、本当の意味を理解できないため、和歌の知識・教養のない者は、いったい何を言われているのかまったくわからない。自分の教養や知識を自慢するかのような、とてもいやらしい表現技法である。

しかしながら、入試問題としては便利な技法であり、センター試験などで頻繁に出題された。

よって、受験生においては、引歌の解釈方法を確実に理解しておく必要がある（↓41ページ）。

「引歌」

忘れ草なにをか種と思ひしはつれなき人の心なりけり

似通った表現（引用部分）

似通った部分は、それぞれ、「忘れ草の種」と「忘れ草なにをか種」と考えられる。

次に、「引歌」から「忘れ草なにをか種」を引いた残りの表現から、かへの会話文の「忘れ草の種」の箇所に「添加」あるいは「入れ替え」すると意味の通りそうな表現を抽出する。

今回は、「つれなき人の心なりけり」を「忘れ草の種」に添加してみると、次のように意味が通ることがわかる。

かへの会話文

「つれなき人の心なりける 忘れ草の種をば、早くも御心に蒔かせたまへるなり」

これを直訳してみると、「薄情な人の心から生まれるという忘れ草の種子を、早くもお心にお播きになりましたね」となる。ここで、正解は①③に絞られる。

次に、かへがこのように判断した理由は何かを考える。傍線部Aの前の文との関係を見てみよう。

（宇須美が）「しかのたまふは誰《た》そや。いと闇《くら》きに」といふに、
（かへは）「忘れ草の種をば、早くも御心に蒔かせたまへるなり」とて、
（かへは）細《ほそ》やかなる頭《かしら》をあげたるを……

宇須美は、「火はそのままに照さでよ」と声をかけてきた女性が誰なのか気づいていない。それは、「燈《ともしび》また二所《ふたところ》ながら暗くなる」状況で、「いと闇き」環境下では致し方なかったであろう。かへが責めたのは宇須美が「声を聞いても私だとお気づきにならな」かったからである。よって、正解は①である。

問３

[5] 正解は①

問

傍線部B「こはあだしめきたる御ふるまひかな」とあるが、これは宇須美のどのような心理状態が表現されているか、その説明として最も適当なものを、次の①～⑤のうちから一つ選べ。

▼冒頭の解説文に「それ（＝かへの死）を聞いた宇須美は草庵《そうあん》に隠棲《いんせい》し、ひたすらかへの菩提《ぼだい》を弔うのだった」とあるから、最初、宇須美はかへが死んだものと信じて疑わなかったはずだ。

次に、傍線部B「こはあだしめきたる御ふるまひかな」を含む前後の文の構造を考える。

（かへが）細やかなる頭をあげたるを
（宇須美は）見るより、
（宇須美は）うつつなく心くぐまりて、
（宇須美はかへが）**うつせみ**の世にある人と思ひまどひけるほどに、
「こは**あだしめき**たる（あなたの）御ふるまひかな。
（あなたは）まづこのほどはいづこにや行きたまひつる。
（あなたの）御文も聞こえず」といふに、

名詞「うつせみ」⑯は「**この世に現存している人**」「**現世**」の意味である。宇須美はかへの姿を見て、死んでいるはずのかへが生きていると思い、どういうことなのかと途方に暮れたことがわかる。

動詞「あだしめく」は、接頭辞「あだ（徒・空）」に副助詞「し」と接尾辞「め

---

⑯**うつせみ**――「現《うつ》し臣《おみ》（＝現世の人）」が「うつそみ」となり、それが「うつせみ」に転じたものと考えられている。これを「空蝉・虚蝉」などと表記したことから、「蝉の抜け殻」の意味となり、「はかないこの世」の意味をも表すようになった。

く（＝…のようになる／…の傾向を帯びる）」がついてできたものと考えられている。接頭辞「あだ（徒・空）」がつくと、「軽薄な・浮気な」「一時的な・はかない」「虚《むな》しい・無駄な」などの意味が添加される。

よって、「こはあだしめきたる（あなたの）御ふるまひかな」は、「これは軽薄な（悪戯めいた）あなたのお振る舞いだな」という意味になるので、宇須美はかへへの悪戯か何かで、彼女が死んだものと思い込まされていたなどと思っているとわかる。そう考えると、その後の宇須美の言葉も納得がいくであろう。

②の「恨みの深さに改めて驚愕《きょうがく》し、ただただ慄然《りつぜん》としている」に相当する描写はない。

③の「この超常現象は仏が自分を試すためになされたこと」に相当する描写もない。

④の「看病に付いていた老女たち」が登場するのは、宇須美が目覚めた後であるし、「老女たちの悪戯」の描写もない。

⑤の「白い着物を身にまとった少女」とはかへのことである。かへとの会話の中で、彼女に対する宇須美の感情が推察できる描写は、第三段落冒頭の「男いとうれしくて」しかない。「不躾《ぶしつけ》な態度に当惑」などしていない。

よって、正解は①である。

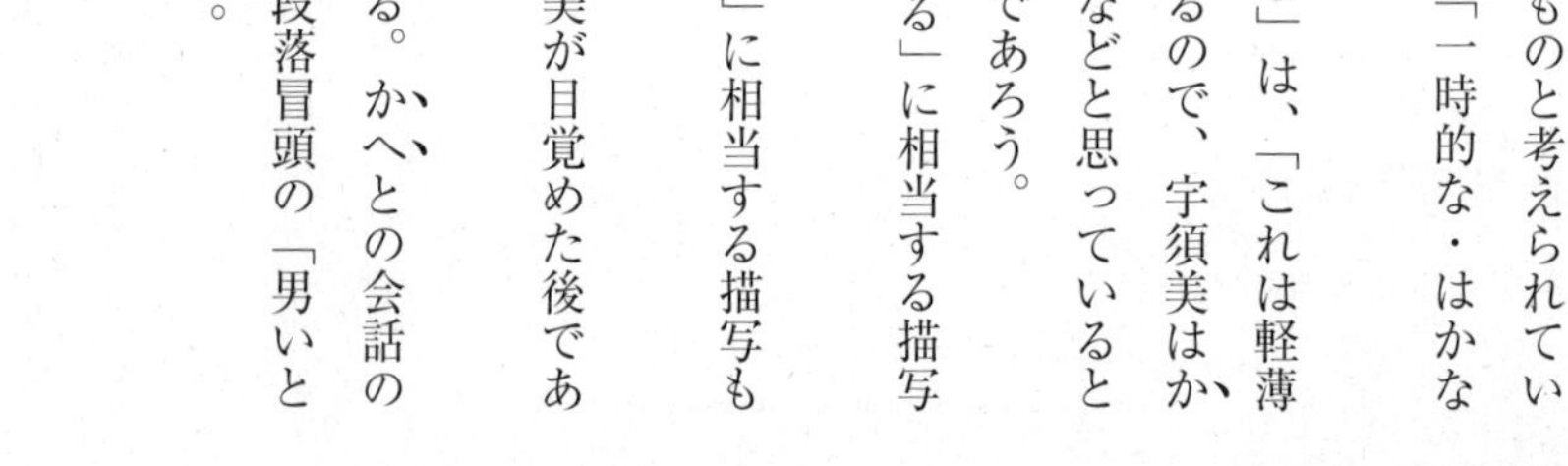

問4　6　正解は④

問　傍線部Ｃ「苦しさも、この嬉《うれ》しさにひきかへつつ思ひたまへらるれ」の語句や表現に関する説明として最も適当なものを、次の①～⑤のうちから一つ選べ。

▼まず、傍線部Ｃに至る文の構造を分析してから、各選択肢の検討に入ろう。

いと闇き国に出《い》でつる。さてその国のおそろしきことかぎりなし。
（中略）
かかる苦しさは、この国にては見も聞きもせねど、
……さる苦しさもうち忘れ、

またその人の御手より、水をたうべ花をたうべ、
あるは恋《こひ》しともゆかしとも、心に思ひ詞《ことば》に述《の》べてたまはるを、
影のごとくにつきそひてうけたまはる

ときは、

苦しさも、この嬉しさにひきかへつつ思ひたまへらるれ。

① この「苦しさ」とは、「いと闇き国」という冥界で、死んでしまったかへが味わねばならない苦しさのことをいっている。「宇須美に逢えない苦悩」のことではないので、これは誤りである。

② 「この嬉しさ」とは、「またその人の御手より、水をたうべ花をたうべ、あるは恋しともゆかしとも、心に思ひ詞に述べてたまはるを、影のごとくにつきそひてうけたまはる」ことであって、かへが冥界で仏に水や花を手向けることをいっているのではない。これは誤りである。

③ ここの接続助詞**「つつ」**は**反復・継続**を表し、そのたびに何度も、「あの苦しみも、このうれしさに一変させる」ということを表現している。これは誤りである。

④ ここでは、敬語法[17]の知識が問われている。

この「たまへ」は、下に未然形接続の助動詞「らる」の已然形「られ」がついているので、ハ行下二段に活用する補助動詞「給ふ」の未然形である（「へ／へ／ふ／ふる／ふれ／〇」と活用する）。ハ行四段に活用する、尊敬語の補助動詞「給ふ」（「は／ひ／ふ／ふ／へ／へ」と活用する）ではないことに注意したい。

[18]**下二段型に活用する補助動詞「給ふ」**は**謙譲語Ⅱ**（**丁重語**）と呼ばれる。謙譲語Ⅱとは「話し手」が「聞き手」に対して「畏《かしこ》まりの気持ち」を表す敬語表現で、「**存じます・拝見します・おうかがいします・存じております**」などと訳す。つまり、「下二のたまふ」は、形態は謙譲語で、機能は丁寧語ということになる。

---

⑰**敬語法**――敬語とは、その言葉を発している人間が、誰に対して敬意を表しているのかを表す「言語的表現」である。

尊敬語とは、話し手が主体（主語）に対する敬意を表す敬語である。

謙譲語とは、話し手が客体（動作の受け手）に対する敬意を表す敬語である。

丁寧語とは、話し手が対者（聞き手）に対する敬意を表す敬語である。

この「言語的表現」によって、話し手・主体・客体・会話の聞き手などの人間関係がより明確になる。多数の人物が登場し、多くの会話文や心内文が存在する文章は、敬語法の助けなしには、正確な解釈はできない。

⑱下二段型に活用する補助動詞「給ふ」（「下二の給ふ」）は、次のような条件の中でしか出てこない。

1 「会話文・手紙文」中にしか使われない。

2 動作主は一人称「私」（まれに一人称の支配下にある者）である。

よって、この「たまへ」はかへの会話文中であるので、話し手であるかへから聞き手である宇須美に対する敬意を表す「謙譲語Ⅱ（丁重語）」と判断できる。

④が正解である。

⑤ 助動詞「る・らる」は、尊敬語の補助動詞「たまふ・おはします」と一緒に用いられる場合、敬語の意味にはならない。これは誤りである。

問5 7 ・ 8 正解は①・④（順不同）

> 問
> 次に掲げるのは、問題文に関して、生徒たちと教師が交わした授業中の会話である。問題文の解釈として、会話の後に生徒たちから出された発言①～⑥のうち、**適当でないもの**を**二つ**選べ。ただし、解答の順序は問わない。

▼各選択肢を検討していこう。

① かへが宇須美の前に出現できる条件は、第二段落の最後から2行目で「恋しともおぼす御心につきて、いくたびも幻《まぼろし》の中に、ありし姿を見せ奉らむ」と彼女自身が言っている。宇須美がかへを恋しく思う執着の心につきまとって、彼女は冥界から訪れるのであって、兄の七郎とは無関係である。よって、①は不適当。一つはこれが正解である。

3 上につく動詞は「思ふ・見る・聞く・知る」などに限られる。

4 「へ／へ／（ふ）／ふる／ふれ／○」と下二段型に活用する。

現代語の謙譲語Ⅱは、必ず丁寧語「です・ます・おります」とともに使うので、「思ふ・見る・聞く・知る」の連用形だけにしかつかない「下二の給ふ」の現代語訳としては、基本的には「存じます・拝見します・おうかがいします・存じております」などとなる。

②　兄の七郎がかへを斬り殺して以来、七郎がどうなったのかは、本文中に述べられていない。この発言は適当である。

③　仏道修行とは、現世の執着を捨て去り、悟りを開くためにする行為である。それなのに、かへは「吾をめぐしとおぼさば、御心の悟りを開きたまふな」と言っている。愛は⑲妄執《もうしゅう》以外の何ものでもない。これも適当である。

④　傍線部(ア)の「かならず仏の道に入りて悟道にな帰したまひそ」や第三段落６行目の「かへすがへす吾をめぐしとおぼさば、御心の悟りを開きたまふな。また御心の悟りだちたまふ時は、我帰り来べきたよりなし。さる時ぞながき御別れと知りたまへ」というかへの発言から、かへがその言葉とは裏腹に、宇須美には悟りを開いてほしいと考えていると解釈することはできない。よって、④は不適当。

正解は①と④である。

⑤　夢の逢瀬では第四段落冒頭に「こはいづこに行くぞ。おそろしき国にはなぞ帰るなる。我あとひて参らせむ。やよや、待たせたまへ」とあるように、宇須美は最後までかへの状況を理解できないでいた。理解したのは、夢から目覚めてしばらくしてからである。それまで、二人の感覚はまったくずれていた。よって、この発言は適当である。

⑥　宇須美は第三段落１行目で「さることとも知らで、その暗くおそろしき国に御供も申さず、独りさすらはせ参らせしことのくやしさよ」などとも言っている。

---

⑲妄執――悟りを得られず、迷いの心から物事に執着してしまうこと。

彼の純朴な性格のなせる言葉であろう。この発言も適当である。

重要単語リスト

□ まどふ【惑ふ】	動	1 迷う 2 途方に暮れる
□ あだなり【徒なり】	形動	1 軽薄だ
□ たまふ（四段）【給ふ】	動	1 お与えになる 2 お…になる
□ きこゆ【聞こゆ】	動	1 評判が高く聞こえる 2 申し上げる
□ さればよ【然ればよ】	連語	1 思った通りだ・やっぱりね
□ はべり【侍り】	動	1 お仕えする 2 ございます 3［補助動詞］…です
□ たより【頼り・便り】	名	1 関係・つて 2 機会・ついで
□ まゐらす【参らす】	動	1 献上する 2 お…申し上げる
□ まゐる【参る】	動	1 参上する 2 参ります
□ かたち【形・容・貌】	名	1 容貌

□ たまはる【賜る】	動	1 いただく 2 お与えになる
□ たまふ（下二）【給ふ】	動	1 …です・…ます
□ おぼす【思す】	動	1 お思いになる
□ な…そ	副…助	1 …しないでおくれ
□ …やらず【…遣らず】	連語	1 完全に…してしまわない 2 …できない
□ ありし【有りし・在りし】	連体	1 以前の・昔の・生前の
□ たてまつる【奉る】	動	1 差し上げる 2 お…申し上げる
□ まうす【申す】	動	1 申し上げる 2 お…申し上げる
□ くやし【悔し】	形	1 悔やまれる・後悔される
□ おはす【御座す】	動	1 いらっしゃる 2 …ていらっしゃる
□ さぶらふ【侍ふ・候ふ】	動	1 お仕えする 2 おります・ございます 3［補助動詞］…です

□ よばふ【呼ばふ】	㊍	1 何度も呼ぶ 2 男が女に求愛・求婚する
□ いとど【甚・最】	㊊	1 ますます
□ ひとりごつ【独りごつ】	㊍	1 独りごとを言う
□ つれなし	㊎	1 平気な様子だ 2 冷たい

知識の総整理

◆近世小説の分類

近世小説は、時代・内容・形体から様々な形式に分類されている。

御伽草子《おとぎぞうし》――室町時代から江戸時代初期にかけて作られた短編物語。『文正《ぶんしょう》草子』『物くさ太郎』『鉢《はち》かづき』など。

仮名草子《かなぞうし》――江戸時代初期に作られた短編物語。女性・子ども向けに、平易な仮名文で書かれた。啓蒙《けいもう》・娯楽を主としたものが多い。『恨之介《うらみのすけ》』『一休咄《いっきゅうばなし》』など。

浮世草子《うきよぞうし》――当世風の草子（＝今風の物語）の意味。現実の世相を写実的に描いた。扱う題材により、好色《こうしょく》物《もの》・町人物・武家物・気質《かたぎ》物などがある。井原西鶴《いはらさいかく》の『好色一代男《こうしょくいちだいおとこ》』『世間胸算用《せけんむねさんよう》』『武道伝来記《ぶどうでんらいき》』、江島其磧《えじまきせき》の『世間子息気質《せけんむすこかたぎ》』など。

洒落本《しゃれぼん》――江戸時代中・後期に作られた小説。一七五一～一七六四年（宝暦《ほうれき》）頃に上方《かみがた》（関西地方）で生まれ、その後江戸で発達した。遊里での遊興を主な題材とし、会話を主として遊里の内部や恋愛テクニックを写実的に描いた。田舎老人多田爺《いなかろうじんただのじい》の『遊子方言《ゆうしほうげん》』、山東京伝《さんとうきょうでん》の『通言総籬《つうげんそうまがき》』など。

読本《よみほん》――江戸時代中・後期に作られた小説。一七四八～一七六四年（寛延《かんえん》・宝暦）の頃に上方で生まれ、寛政《かんせい》の改革（一七八七～九三年）以後江戸で流行し、一八三〇～四四年（天保《てんぽう》）頃まで続いた。中国小説の影響を強く受け、怪異性・伝奇性が色濃く、漢文訓読体や擬古文体で表現する点に特色がある。都賀庭鐘《つがていしょう》の『英草《はなぶさそう》紙《し》』、上田秋成《うえだあきなり》の『雨月《うげつ》物語』、滝沢馬琴《たきざわばきん》の『南総里見《なんそうさとみ》八犬伝《はっけんでん》』など。

滑稽本《こっけいぼん》――江戸時代後期に流行した小説。滑稽（おかしみ）を描いた。十返舎一九《じっぺんしゃいっく》の『東海道中膝栗毛《とうかいどうちゅうひざくりげ》』、式亭《しきてい》三馬《さんば》の『浮世風呂《うきよぶろ》』など。

人情本《にんじょうぼん》――江戸時代後期に作られた小説。一八一八～三〇年（文政《ぶんせい》）頃に生まれ、一八三〇～四四年（天保期）を最盛期として、明治時代初期まで続いた。江戸時代の町人の恋愛や人情の機微を描写したものが多い。為《ため》永春水《ながしゅんすい》の『春色梅児誉美《しゅんしょくうめごよみ》』など。

これらの他に、草双紙《くさぞうし》（赤本・黒本・青本・黄表紙《きびょうし》・合巻《ごうかん》の総称）という女性・子ども向け（黄表紙は大人向け）の簡単な説明入り絵本もある。

◆引歌の解釈

問題文の最後から2行目の「『かきさぐれども手にも触れねば』と、ひとりごちつつふしける」の部分では、次の和歌による引歌の技法が用いられている。

夢のあひはくるしかりけり驚きてかきさぐれども手にもふれねば　（『万葉集』）

この散文を解釈するためには、以下のように「引歌」の表現をもとにする必要がある。

●散文だけでは解釈できない。

散文（『西山物語』）

「かきさぐれども手にも触れねば」と、ひとりごちつつふしける……。

このままでは解釈できない

●「引歌」の表現の一部を散文の該当箇所と入れ替える。

「引歌」（『万葉集』）

夢のあひはくるしかりけり驚きて
かきさぐれども手にもふれねば

似ている表現

散文の表現と入れ替える

散文（『西山物語』）

「かきさぐれども手にも触れねば」と、ひとりごちつつふしける……。

●散文が解釈できるようになる。

散文の解釈

解釈できるようになる！

「夢の逢瀬は辛《つら》いことよ」と独りごとを言いながら、横になった……。

解答解説 第3回

解説動画

出演：栗原隆先生

設問	解答番号	正解	配点	自己採点①	自己採点②
問1	1	③	5		
	2	⑤	5		
	3	②	5		
問2	4	③	6		
問3	5	③	6		
問4	6	⑤	6		
問5	7-8	①-③	12（各6）		
合計（45点満点）					

（注）－（ハイフン）でつながれた正解は，順序を問わない。

第3回　注釈と物語

出典

◆『紫文要領《しぶんようりょう》』

江戸時代中・後期の国学者❶である本居宣長《もとおりのりなが》（一七三〇～一八〇一年）による『源氏物語』の注釈書❷。一七六三年（宝暦《ほうれき》一三年）、宣長が三四歳の時に完成した。同時期に成立した歌論『石上私淑言《いそのかみささめごと》』とともに、宣長の「もののあはれ❸」という文学概念の成立を示す作品である。

『源氏物語』の主題は勧善懲悪や好色の戒めなどではなく、人間の純粋な感動としての「もののあはれ」こそがその本質であると説く。

この『紫文要領』は書き改められ、『源氏物語年紀考《ねんきこう》』を加えて、一七九六年（寛政《かんせい》八年）、宣長が六七歳の年に『源氏物語玉《たま》の小櫛《おぐし》』として結実する。二九歳から始めていた『源氏物語』の講義の、約四〇年にわたる内容の集大成である。

◆『源氏物語』

平安時代中期の物語。五四帖《じょう》。紫式部❹作。一〇〇一年（長保《ちょうほう》三年）以後に書き始められたとされるが成立年代は未詳。一〇〇五年（寛弘《かんこう》二年）には一部が世に出ており、

---

❶**国学**――江戸時代中期に興った学問の一つ。『古事記』『日本書紀』『万葉集』など、日本の古典を研究し、我が国固有の文化を究明しようとしたもの。漢学に対して古学・和学などと呼ばれた。
代表的な学者として、契沖《けいちゅう》、荷《か》田春満《だのあずままろ》、賀茂真淵《かものまぶち》、本居宣長、平《ひら》田篤胤《たあつたね》らがいる。

❷**注釈書**――古典文学作品などの本文を詳しく検討して、語句の意味や内容などを解説した書物のこと。『源氏物語』に関していえば、その「注釈書」は江戸時代末期までの代表的な注釈書に限っても、その数は九〇書はくだらない。

❸**もののあはれ**――本居宣長が提唱した、平安時代の文芸の美的理念。客観的な対象を表す「もの」と、主観的な感動を表す「あはれ」（→17ページ）とが一致するところに生じる、しみじみとした深い情趣を理念化したものとされている。
自然・人生の様々な局面で湧き上がる、優美・繊細・哀愁の理念であり、それが最高度に発揮され

『更級《さらしな》日記』によると一〇二一年（治安《じあん》元年）には全巻が完成していたという。

登場人物の個性、心理・行動の変化などの写実的な描写に優れ、『竹取物語』の空想性（作り話）、『伊勢物語』の叙情性（歌物語など）、『蜻蛉《かげろう》日記』の日記文学など、先行文学の流れを集大成した作品であると評されており、日本古典文学の最高峰とされる（→118ページ）。注釈書の数も多く、擬古物語❺をはじめ、御伽草子《おとぎぞうし》・和歌・謡曲《ようきょく》・連歌・俳諧《はいかい》など後世の文芸に大きな影響を与えた。

通釈

◆【文章Ⅰ】『紫文要領』

（ある人が私に）問うて言うことには、「もし、この世の中に存在する全てのことを（物語に）書くというのなら、下々の身分の低い者についてのことをも詳細に描写しなければならないのに、ただ上流階層のことばかり専ら描いて、下層階級のことはそれほど出てこないのはどのような理由からなのでしょうか」と。

（私がその人に）答えて言うことには、「（作者）紫式部は中宮藤原彰子《ちゅうぐうふじわらのしょうし》様のもとに（女房として）宮仕えしていて、日常的に見なれたり聞きなれたり交際している人もその話題も、全て上流階層の人についてのことばかりである。また、自分自身の身分もそれほど低い身分というわけではない。だから、日常的に見ること、聞くこと、思うことは、ことごとく中流階層以上のことであって、下層階級のことには関与してい

たものが『源氏物語』であるとした。

❹**紫式部**（九七三？〜一〇一四？）——平安時代中期の物語作者・歌人。藤原為時《ふじわらのためとき》の娘。九九六年（長徳二年）、越前守《えちぜんのかみ》となった父とともに任国に下り、その二年後に単身帰京。藤原道長に認められて一条天皇の中宮藤原彰子に仕え、『白氏文集《はくしもんじゅう》』などを講義した。

『源氏物語』の他に『紫式部日記』（一〇一〇年頃）、家集『紫式部集』を著している。

❺**擬古物語**——平安時代の物語を模して、鎌倉・室町時代に作られた物語。『源氏物語』の模倣が著しく、独創性に乏しい。現存するのは、『住吉《すみよし》物語』『松浦宮《まつらのみや》物語』『我身《わが》にたどる姫君』など十数編である。

ない。

また、（紫式部が）創作する物語も中流階層以上の人が見るはずのものであって、下層階級の者が見るものではない。だから、読者たちが日常的に見ること、聞くこと、思うことと無縁な出来事であると、関心は薄くなる。様々なことは、自分自身の境遇に仮託して見る場合には、格別に感動は深くなるものである。

だから、物語は上流階層の人が見るものであるので、（物語世界では）上流階層のことを専ら書いて、（それを享受する上流階層の人々の）心に共感を得やすくさせるためである。例えば、外国のことを描くよりは我が国のことを描く方が、聞く時に親しみがあり、昔のことを描くよりは現代のことを描く方が、聞く時に耳に馴染《なじ》むように、常に目にも耳にも身近に体験していることと関係する題材は、感動が格段に大きい。それは、この『源氏物語』だけではない、全ての物語はみな同じことなのだ。

一般に、昔は歌・物語などを享受することは中流階層以上のことであって、下層階級の人間などがこのようなことにたずさわることは決してない。だから、（『源氏物語』は）下層階級の人間などが決して見るものではなかったものである。ところが、次第にこの世の中全体が文化的になってゆき、最近に至っては下層階級の中の、そのまた最下層の者までもがこのような物語などを見るようになったのである。そうして、（現代人が）現代の気持ちで（物語を）見るせいで、下層階級のことを書いていないことを不審に思うが、それも、その時代の風俗を理解していないせいである。

あの筑紫《つくし》の監《げん》が武骨で恐ろしかった様子、また、浮舟の君の継父の常陸《ひたち》の介《すけ》があらかに粗野で田舎じみていたことなどを思えば、ましてそれ以下の身分の者にはどうして見所のある要素があるだろうか、いいやそんな点はないのだ。須磨《すま》の巻に、漁民たちが（苦労の多い）身の上のつらさを申し上げるのを、（源氏の君が）お聞きになって、源氏の君の心に、『何やらわけのわからない言葉をしゃべっているが、（彼らも）心の向かうところは同じことであるのだなあと、しみじみとあわれだとご覧なさる』とあるが、それを参照して、下層階級のことが（作者紫式部の関心から）はるかに遠くにあることを理解しなければならない。同じ人類とも思えないほどまで異質なものを描くような書き様である」と。

◆【文章Ⅱ】『源氏物語』玉鬘《たまかずら》

大夫《たいふ》の監といって、肥後《ひご》国に一族が多くいて、肥後国では声望があり、勢力も強大な武士がいた。武骨で恐ろしい気性の中にも、多少好色な心もあって、容貌の美しい女を集めて自分の妻にしようと思っていた。

◆【文章Ⅲ】『源氏物語』東屋《あずまや》

（常陸の）守《かみ》本人も、低い家柄の人ではなかった。公卿《くぎょう》の血筋で、一族の者も下品な感じの人ではなく、財産も仰山《ぎょうさん》な（ほどに持っている）ので、そうした身分相応に

◎肥後国と常陸国

は気位が高くて、家の中も派手に飾りたて、わざとこぎれいな暮らしを演出していて、（ひとなみに）風流人を気取っているが、そのわりには、不思議なことにも、粗野な田舎じみた感じが染みついているのだった。若い時分から、あのような東国の、都からはるか遠くの地方に埋《うず》もれて長年過ごしたからだろうか、声などが、ほとんど聞き取れないほどで、（ちょっと何か言う時の）物言いもいくらか訛《なま》っているようであって、権勢ある中央の権門に対しては恐ろしく厄介な相手であると気がねして敬遠してはいるが、何かにつけてたいそう抜け目なく用心深いところもある。

◆【文章Ⅳ】『源氏物語』須磨《すま》

漁師たちは漁をして、貝の類を持って、（源氏の前に）参上していたが、（源氏は彼らを）おそばにお呼び出しになってご覧になる。（源氏が彼らに）海辺で長い年月暮らしている様子などを（従者を介して）尋ねさせなさると、（漁師たちは）いろいろと苦労の多い身の上のつらさを、（源氏に）申し上げる。何やらわけのわからない言葉をしゃべっているが、それも、「（彼ら漁師たちも）心の向かうところは同じこと、どうして違いがあるだろうか」と、しみじみとあわれだとご覧なさる。（源氏は）お召物などを褒美としてお与えになり、その肩にかけさせておやりになるが、（それを漁師たちは）「（献上した貝ではないが）生きていた甲斐《かい》があった」と思っている。

◎須磨

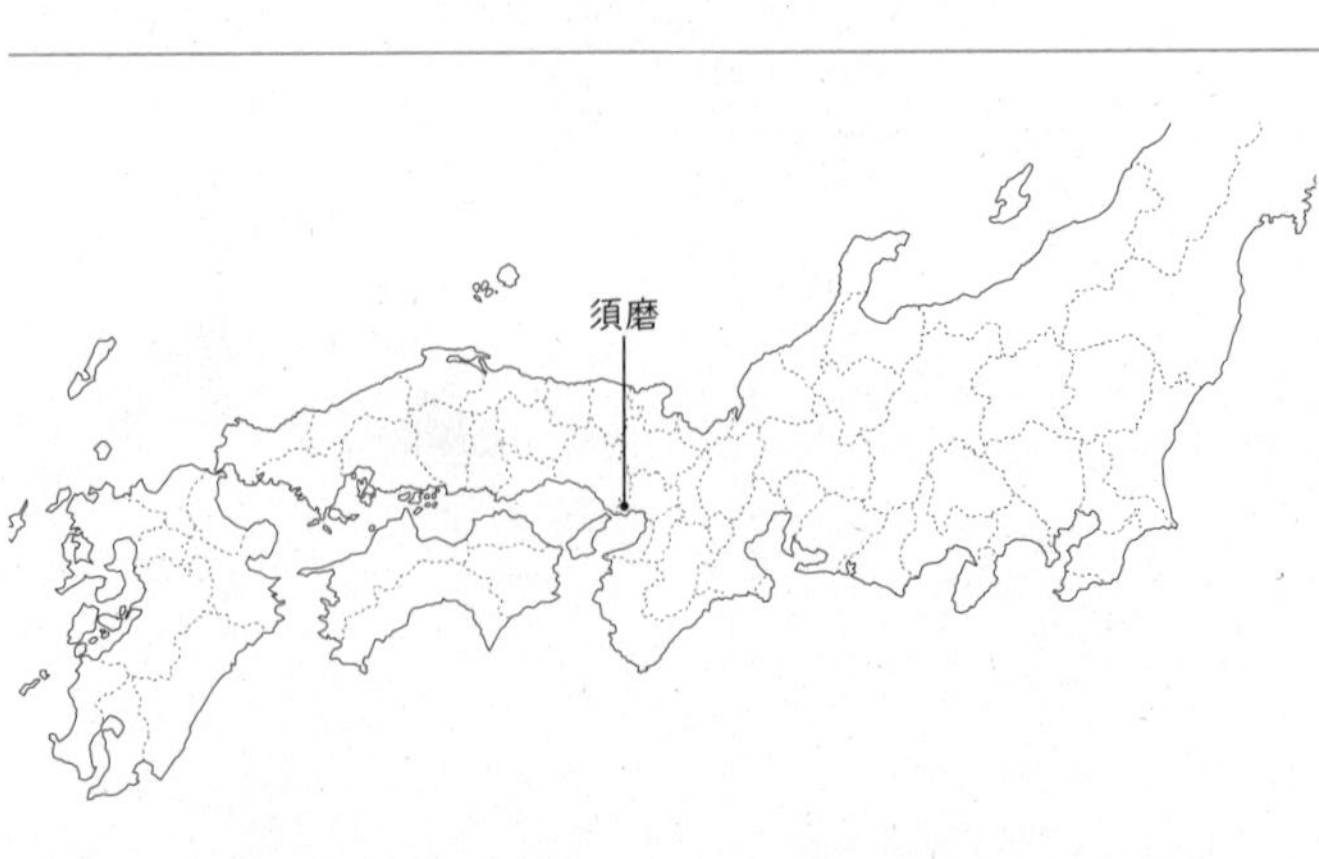

解説

今回は、『源氏物語』の注釈書である『紫文要領』を取り上げたが、そもそも、なぜ長きにわたって人々は「注釈書」を必要としたのか。それは、

・古典文学作品を真に理解したいため
・古典文学作品をそのままでは読めなかったため

である。

いつの時代、どこの国においても教養といえば、自然科学や社会科学でなく、文学・芸術などの人文科学において知性・感性を磨き上げ、人格形成をなすことであった（これを「教養主義」などという）。

日本でも、平安時代の歌人（多くは貴族）や神官・僧侶から、近世の富裕な町人、農民、国学者などと、その担い手は変わってはゆくけれど、古典文学作品を愛し、研究し続けた人々がいつの時代にもいて、それぞれの注釈書を著したのである。

本居宣長が二九歳から『源氏物語』の講義を始め、『紫文要領』やそれを改訂した『源氏物語玉の小櫛』はその講義の内容をまとめたものであることは、出典の解説で述べた（→74ページ）。❻宣長の講義を受講していた人物の出自は、町人・農民・神官・医師・僧侶・武士・女子など様々であり、その出身地も北は東北の陸奥《むつ》国から南は九州の日向《ひゅうが》国・肥後国に及んでいる。江戸時代には庶民の手にも書籍が行きわたるようになり、読者の数が爆発的に増加したことは第2回の解説でも触れた通り（→52ペー

❻本居宣長は几帳面《きちょうめん》な性格で、『授業門人姓名録』を残しており、そこには門人の氏名や出身地などが掲載されている。それによると、宣長の門人は、階層別では、町人一六六人、農民一一四人、神官六九人、医師二七人、僧侶二三人、武士六八人、女子二二人、その他二人、合計四九一人ということである（諸説あり）。

ジ）だが、宣長の受講者の出自と出身地の多様さは当時のこのような状況を物語っているようだ。問題文で登場した『紫文要領』の「ある人」も、富裕な町人や農民だったのかもしれない。『源氏物語』作者の紫式部も、自分の作品が七五〇年ほどのちに、町人や農民に読まれることになろうなどとはおそらく思いもしなかっただろう。

問1
1 正解は③
2 正解は⑤
3 正解は②

問
傍線部(ア)〜(ウ)の解釈として最も適当なものを、次の各群の①〜⑤のうちから、それぞれ一つずつ選べ。

(ア)「かしこにつけてはおぼえあり」
▼傍線部(ア)の構成を分析する。

かしこ／に／つけ／て／は／おぼえ／あり

「かしこ」は遠称の代名詞。中称「そこ」、近称「ここ」とともに「そこかしこ」

「ここかしこ」の形で現代でも使われる。決して形容詞「かしこし」の語幹ではない。ここでは、都から遠く離れた「肥後の国」を指している。

連語「…に／つけ／て」は対象・範囲を表すから、「かしこ／に／つけ／て／は」は「肥後国においては」の意味。

名詞「**おぼえ**」❼は「**記憶・知覚・感覚**」「**評判・声望**」「**寵愛**《ちょうあい》」「**腕前についての自信**」という意味である。

傍線部(ア)の前後には、「肥後の国に族《ぞう》広くて」「勢ひいかめしき士《つはもの》」とあるので、大夫の監は一族も大勢いて、勢力を有する武士であったことがわかる。よって、ここの名詞「おぼえ」は「評判・声望」の意味で使われていると判断できる。正解は③の「肥後国では声望があり」である。

(イ)「徳いかめしうなどあれば」

▼傍線部(イ)の構成を分析する。

徳／**いかめしう**／**など**／**あれ**／**ば**

名詞「徳」は、「**天賦の能力・天性の才能**」のこと。ここから、天が与えた「**めぐみ・恩恵・おかげ**」という意味が生まれ、「**神仏の加護**」という意味にも使われ

❼**おぼえ**――動詞「おぼゆ」の連用形が名詞化したもの。受身的な意味合いの「世間の人々から思われること」の意から「評判・声望」を表すようになり、さらに「上位者からよく思われること」から「寵愛」の意味が派生した。また、感覚的に身についた（覚えた）ものが技術的な確かさになることから「腕前についての自信」をも表すようになった。

た。「天賦の能力・天性の才能」は優れたものだから「**長所・美点**」という意味にもなり、さらに「**富裕・財産**」そして「**利益**」という意味にも使われるようになった。もちろん、現代語の「**人徳・道徳**」という意味もある。

形容詞「**いかめし**」は、「**おごそかだ・厳粛だ**」というのが本来の意味。厳粛な雰囲気は「**巨大・壮大**」さを連想させ、そこから「**荒々しさ・激しさ**」を感じることもあるだろうし、「**盛大さ**」を感じることもある。

傍線部(イ)以降の文章を見てみる。

徳いかめしうなどあれば、
ほどほどにつけては思ひ上がりて、
家の内もきらきらしく、ものきよげに住みなし、事《こと》好みしたる

「家の内もきらきらしく、ものきよげに住みなし、事好み」するために必要なのは、人徳ではなく「財」である。よって、「徳いかめしうなどあれ」は「財力も巨大というべきほどに持っている」という意味である。

よって、正解は⑤の「財産も仰山なほどに持っているので」である。

---

❽**かづく**——「かづく」という四段活用の動詞は、「被《かづ》く」の他に「潜《かづ》く」もある。「潜く」は「水に潜って漁をする」という意味である。

(ウ)「御衣《おんぞ》どもなどかづけさせたまふを」

▼傍線部(ウ)の構成を分析する。

御衣ども／など／かづけ／させ／たまふ／を

尊敬の補助動詞「たまふ」があるので述語は尊敬語の表現がなければならない。ここで、述語が謙譲語の表現となっている選択肢④は除外できる。

動詞「**かづく**[8]（被く）」は、四段活用（か／き／く／く／け／け）であったら「**（自分で）被る**」、下二段活用（け／け／く／くる／くれ／けよ）であったら「**（相手に）被せる**」の意味となる。

平安時代、上位者が下位者に与える褒美は、衣服や布などの繊維製品であり、それを与える時には一種の作法のような仕草があった。すなわち、上位者は下位者の左肩に褒美となる衣服などを被せ、下位者は上位者から賜った衣服などをその左肩に被り礼をした。ここから、四段活用の「被る」動作をするのは「褒美をいただく」下位者で、下二段活用の「（相手に）被せる」動作をするのは「褒美を与える」上位者であることとなる。

ここの「かづけ」は、下に未然形接続の助動詞「さす」がついているので、未然形であり、未然形で「かづけ」という形であることから、下二段活用の「被《かづ》く」

被く〔下二段〕

被く〔四段〕

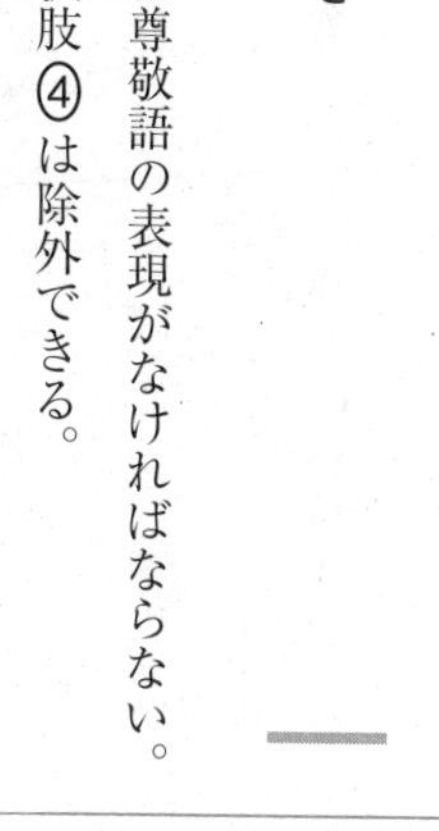

潜く

水に潜って漁をする

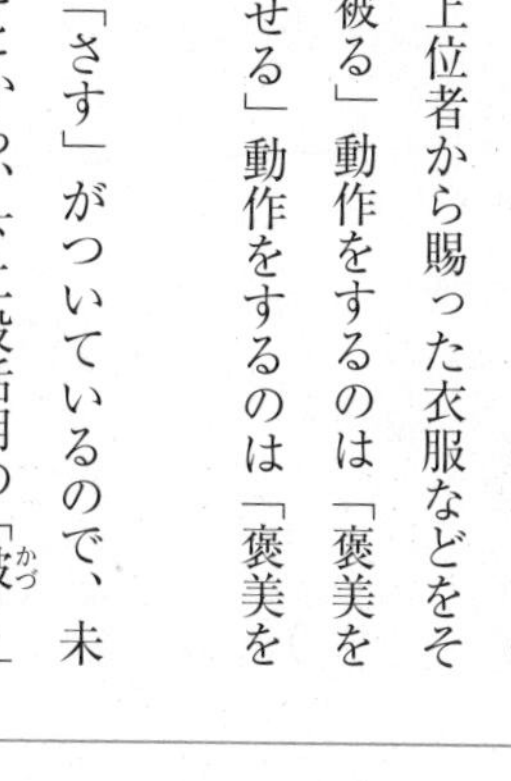

とわかる。

次に、傍線部(ウ)の前後の文の構造を分析する。

海人ども漁《あさ》りして、貝《かひ》つ物持て参れるを、
（源氏は）召し出でて御覧ず。
（源氏が）浦に年経るさまなど問はせたまふに、
（海人どもは）さまざま安げなき身の愁へを申す。
（海人どもが）そこはかとなくさへづるも、
（源氏は）「心の行方は同じこと、何か異なる」と、あはれに見たまふ。
（源氏が）御衣どもなどかづけさせたまふを、
（海人どもは）生けるかひありと思へり。

また、【文章Ⅳ】の（注２）に「源氏は従者を仲介にして漁師たちと言葉を交わした」とあることから、源氏と海人どもの交流は、従者を介して行われていたと考えられる。以上より、源氏はお召物などを褒美として漁師たちにお与えになろうとして、従者に命じて彼らの肩にかけさせておやりになったことがわかる。

よって、正解は②の「お召物などを褒美としてお与えになり」である。

問2　4　正解は③

問　【文章Ⅰ】の傍線部A「ただ上々のことのみもはら書きて下のことはさのみ見えざるは、いかなるゆゑぞや」はある人の質問であるが、これに対する本居宣長の回答として最も適当なものを、次の①～⑤のうちから一つ選べ。

▼各選択肢を検討していこう。

①【文章Ⅰ】の最後の行に「同じ人類とも見えぬまで変はりたる書き様なり」とはあるが、「紫式部にとって下層階級は近寄りがたく恐ろしい存在だった」という事実はどこにも述べられていない。【文章Ⅳ】「須磨」の文章にも「海人ども」の姿が写実的に描写されている。これは誤りである。

②【文章Ⅰ】の第二段落1行目に「紫式部は中宮に宮仕へして、常に見なれ聞きなれ交《まじ》らふ人もそのことも、みな上々の人の上のみなり」とはあるが、「下層階級の話題を書くという行為そのものが禁忌だった」という事実はどこにも述べられていない。これは誤りである。

③【文章Ⅰ】の第五段落3行目に「今の世のその心をもて見るゆゑに、下々のことを書かぬを怪《あや》しく思ふも、その時の風儀《ふうぎ》を知らぬゆゑなり」とあり、『源氏物語』

が生まれた時代の文化と、その読者の階層について考えていない現代人（江戸時代の人々のこと）の無知のせいゆえにこのような疑問が生まれるのであって、紫式部が生きた時代の歴史環境と読者層のことを少しでも考慮すれば、自明のことだと宣長はいうのである。これは正しい。よって、③が正解である。

④【文章Ⅰ】の第四段落1行目に「たとへば、人の国のことをいふよりは我が国のことをいふは、聞くに耳近く、昔のことをいふよりは今のことをいふは、聞くに耳近きがごとく、常に目に近く耳に近く触《ふ》るることの筋は、感ずることこよなし」とはあるが、「現代の下層階級には紫式部の言葉を理解できない」という事実はどこにも述べられていない。

そもそも、現代（江戸時代）の下層階級に『源氏物語』を解説し理解させるために『紫文要領』は執筆されたのである。これは誤りである。

⑤【文章Ⅰ】の第五段落1行目に「昔は歌・物語などもてあそぶことは中以上のことにて」とはあるが、第二段落2行目に「みづからの身の上もいたりて下賤の分にはあらず」とあり、紫式部の出身階層は下層ではないといっている。「下層階級出身の紫式部は自分の出身階層のことを恥じていた」という事実はどこにも述べられていない。これは誤りである。

問３　5　正解は③

問　【文章Ⅲ】の傍線部Bの「若うより、さる東《あづま》の方《かた》の、遥《はる》かなる世界に埋《うづ》もれて年経《へ》ければにや、声などほとほとうちゆがみぬべく、ものうち言ふ、すこしたみたるやうにて」の語句や表現に関する説明として最も適当なものを、次の①～⑤のうちから一つ選べ。

▼各選択肢を検討していこう。

① 「若うより」は「埋もれて年経ければ」にかかっており、常陸の介は若い頃より都からはるか遠くの東国の地方に埋れて長年過ごしたことを述べている。これは誤りである。

② 「東の方の」は「遥かなる世界」にかかっており、都からはるか遠くの東国の地方のことを述べている。これは誤りである。

③ **「文中の係り結び」**といって、係助詞「や・か」の結びの語の下に読点「、」が付してある場合は、いわゆる「挿入句」を表す。これは普通の地の文ではなく、作者（あるいは語り手）の感想や独りごとを地の文の間に挟み込んだものである。
　また、「に／や」「に／か」「に／こそ」で終わっている文の下には「あらむ」（「に／こそ」の場合は「あら／め」）の省略がある場合が多い（結びの省略）。

◎**係り結びの法則**
　通常、文は終止形で終わるが、係助詞「ぞ」「なむ」「や」「か」「こそ」によって文末が終止形で終わらない場合がある。

ぞ（強調）　→　文末は連体形
なむ（強調）　→　文末は連体形
や（疑問・反語）→　文末は連体形
か（疑問・反語）→　文末は連体形
こそ（強調）　→　文末は已然形

◎**結びの省略**
　係り結びで、「にや」「にか」「にこそ」などで文が終わっている場合、その下には結びの省略があることが多い。

にや。　→「あらむ」などが省略
にか。　→「あらむ」などが省略
にこそ。→「あらめ」などが省略
とぞ。　→「いふ」などが省略
となむ。→「いふ」などが省略

この箇所も、本来は「若うより、さる東の方の、遥かなる世界に埋もれて年経ければにや（あらむ）」であり、下に読点があるので、この部分は「若い時分から、あのような東国の、都からはるか遠くの地方に埋れて長年過ごしたからだろうか」という挿入句である。よって、③が正解である。

④「ほとほと」は「うちゆがみぬべく」にかかっており、常陸の介の言葉が、ほとんど聞き取れないほどであることを表現している。これは誤りである。

⑤「すこし／たみ／たる／やう／に／て」の「たむ（訛む）」はマ行四段動詞で「言葉が訛る」という意味である。名詞「民」は関係がない。なお、この単語を知らなくても、傍線部Bの前の「あやしう荒らかに田舎びたる心ぞつきたりける」の箇所から意味を推察することができる。これは誤りである。

問４ 6 正解は⑤

> 問
> 『源氏物語』の登場人物である「大夫の監（筑紫の監）」・「常陸の介（常陸の守）」・「漁師たち（海人ども）」についての説明として最も適当なものを、次の①～⑤のうちから一つ選べ。

▼各選択肢を検討していこう。

① 【文章Ⅱ】に「むくつけき心のなかに、いささか好《す》きたる心混じりて、容貌《かたち》ある女を集めて見むと思ひける」とある。

「好きたる心」とは、ここでは「好色な性格」のこと。よって、「見む」の「見る」は「（男女が）契りを結ぶ」意味で使われている。

大夫の監は、「自分の醜貌を気にして」はいないし、「美女を集めてその美貌をだけでも眺め」るだけではなく、自分の妻にしようと考えていた。これは誤りである。

② 【文章Ⅲ】1行目に「上達部《かんだちめ》の筋《すぢ》にて、仲らひもものきたなき人ならず」とある。常陸の介は、低い階層の一族出身ではない。これは誤りである。

③ 【文章Ⅲ】2行目に「家の内もきらきらしく、ものきよげに住みなし、事好みしたるほどよりは、あやしう荒らかに田舎びたる心ぞつきたりける」とある。

常陸の介は表面的には風流人を気取って、暮らしを飾り立ててはいたが、粗野で田舎じみたところを隠すことはできなかったのである。これは誤りである。

④ 【文章Ⅳ】1行目に「さまざま安げなき身の愁へを申す」とある。須磨の漁師たちは自分たちの暮らしを、過酷で苦しいものであると十分に認識していた。

さらに、2行目には「そこはかとなくさへづるも」とあるが、これは【文章Ⅰ】の（注7）に「源氏には、須磨の漁師たちの話す言葉が訛っていて聞き取れず、まるで鳥のさえずりのように聞こえた」とある通りで、民謡を歌っていたわけで

---

❾上達部――「公卿」の別称。大《だい》臣《じん》・納《な》言《ごん》・参《さん》議《ぎ》と、その他三位以上の者をいう。なお、参議であれば四位であっても上達部とされる。

また、四位・五位で、清涼殿《せいりょうでん》の殿上の間にのぼること（昇殿）を許された者を「殿上人《てんじょうびと》」という（蔵人《くろうど》は六位でも殿上人とされた）。

なお、一般に六位以下の身分の者で、昇殿を許されなかった者は「地下《じげ》」と呼ばれた（↓96ページ）。

はない。これは誤りである。

⑤【文章Ⅰ】の第六段落1行目に「筑紫の監がむくつけかりし有様《ありさま》、また、浮舟の君の継父の常陸の守があらかに田舎びたりしことなどを思へば、ましてそれより下にはいかでかは見所《みどころ》あることのあらん」とある。

宣長の価値観では、地方豪族の大夫の監も、公卿の血筋をひく常陸の介も、紫式部の周囲の人々と比べると、下層階級に位置付けられており、さらにその下に庶民である「海人ども」を見ていたとわかる。これは正しい。正解は⑤。

問5 [7]・[8] 正解は①・③（順不同）

問 次に掲げるのは、【文章Ⅰ】～【文章Ⅳ】に関して、生徒たちと教師が交わした授業中の会話である。【文章Ⅰ】～【文章Ⅳ】の解釈として、会話の後に生徒たちから出された発言①～⑥のうち、**適当でないものを二つ**選べ。ただし、解答の順序は問わない。

▼各選択肢を検討していこう。

①【文章Ⅰ】の第五段落冒頭に「おほかた、昔は歌・物語などもてあそぶことは中以上のことにて、下民《げみん》などのかやうのことにたづさはることさらになし。されば、

下々の民などのかけても見るものにてはなかりしなり」とあり、紫式部の時代にははじめから下層階級のことなど考えてはおらず、宣長も近世以前は物語と関与するような人は中流階層以上の人であったと認めている。

しかし、第五段落2行目では「近頃にいたりては下が下までかやうの物語など見るやうにはなれるなり」と、宣長の時代には宣長自身も含め下層階級が『源氏物語』などを鑑賞するようになったといっている。宣長は出身階層がそのまま文化的レベルと比例しているとは考えていない。

以上より、宣長の主張は出身階層の教養格差ではない。これは誤りである。よって、①は正解の一つである。

② **問**4でも見てきたように、常陸の介は「上達部の筋にて」とあるので、出身階層は高いのだが、宣長は「下」の階層に分類している。**【文章Ⅲ】**の傍線部Bでは「若うより、さる東の方の、遥かなる世界に埋もれて年経ければにや、声などほとほとうちゆがみぬべく、ものうち言ふ、すこしたみたるやうにて」とあり、東国に暮らす期間が長かったので、言葉も訛り、感性も下品になってしまったという。

また、**【文章Ⅱ】**では、肥後国の大夫の監の性格を「むくつけき心」といっているし、**【文章Ⅳ】**では、はじめから源氏には須磨の漁師たちの言葉すらわからない。これらの『源氏物語』の記述を受けて、宣長は「筑紫の監」「常陸の守」「海

人」のことを「下」の階層に分類しているのである。肥後・常陸・須磨は、いずれも都（京都）から離れた地方に位置するから、宣長が都との距離を「下々の民」を決める要素として考えていたことがわかる。

よって、「『下々の民』というのは出身階層だけではない」「その人の生育した土地がどれほど都から離れているか」「肥後・常陸・須磨という地理的な環境も『下々の民』を決める要素」という②の発言は正しい。

③ 紫式部が自身のことをどう思っていたのかはここではわからない。

しかし、②で見た通り、宣長は、『源氏物語』の登場人物の人格設定において地理的な環境も重要な要素と考えている。よって、「そんな二人だからやはり地理的な環境はここでは考慮していない」の箇所が誤り。③は正解の一つである。

ただし、宣長は、『源氏物語』の人格設定において地理的な環境も重要な要素とは考えていたが、一方、**【文章Ⅰ】**の第五段落2行目で「次第に世の中文華《ぶんくわ》になりて、近頃にいたりては下が下までかやうの物語など見るやうにはなれる」と述べており、身分制における「下」と、文化レベルにおける「下」を切り離して考えていることに注意しよう。その意味で、宣長は、地方出身である自分や門人のことを文化的には「下々の民」とは考えていなかったと判断できる。

④ 作者紫式部については、**【文章Ⅰ】**の第二段落2行目に「みづからの身の上もいたりて下賤の分にはあらず……中以上」とあるので、宣長は紫式部を「中以上」

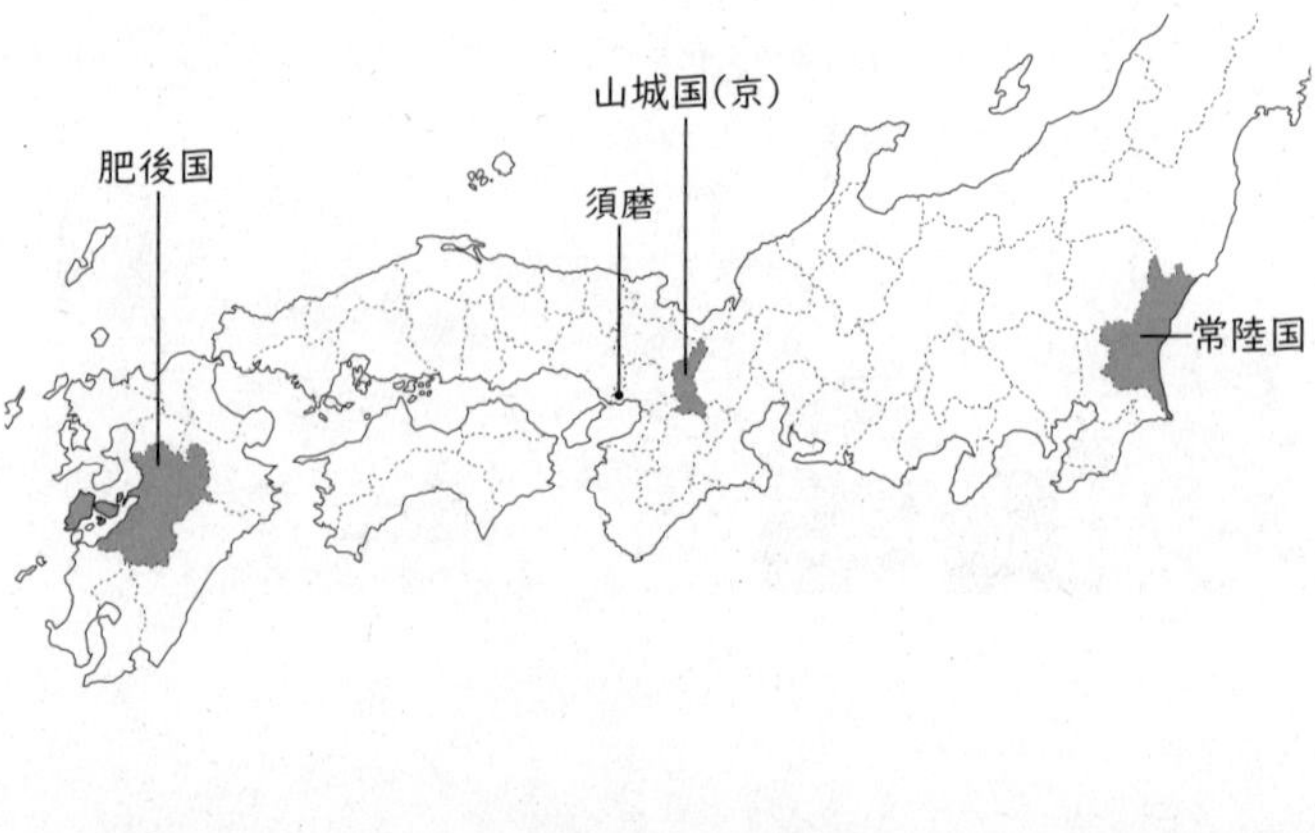

の階層であるととらえていたことがわかる。また、この段落では紫式部の生活環境について、宣長が「常に見なれ聞きなれ交らふ人もそのことも、みな上々の人の上のみなり」と考え、「常に見ること、聞くこと、思ふこと、ことごとく中以上のことにして、下賤のことにあづからず」と判断していることが読み取れる。

紫式部の『源氏物語』を鑑賞する当時の読者層についても、第三段落1行目に「作るところの物語も中以上の人の見るべきものにして、下賤の者の見るものにあらず」とあることから、作者紫式部と同じような中流階層以上の環境に生きる人々であるとわかる。続きの文で「その常に見ること、聞くこと、思ふことの筋にあらざれば、感ずること薄し」とあるように、感覚を共有できないと人は物語に感動できないからである。よって、これは正しい。

⑤ ④で見た通り、紫式部の時代において、物語の作者と読者は近い環境下で生きてきた。

さらに、**問5**の前提の会話にあるように、少女時代の紫式部も越前守となった父と北陸に下り、そこで一、二年過ごした。いわゆる⑩受領《ずりょう》階層出身であった。

もちろん、彼らも「貴族」の端くれであって、都で生まれ、多くの時を都で過ごし、都で死にゆく人たちであった。

何より、中宮に仕える程度の教養を有していなければ、紫式部たちはこの環境で生き残れなかったであろう。

---

⑩**受領**――地方官の最上位（多くは国の守）のことを指す。平安時代中期は、中流以下の貴族層が多く任命された。徴税権を与えられていたため、その権利を使って私財を蓄えるものもいた。「受領は倒るる所に土をつかめ（『受領はどんな場合でも利益を得ようとせよ』という意味）」などと受領の強欲さを示すことわざまであった。

よって、同時代の作者と読者の心理的距離も物理的距離もとても近いことになる。これは正しい。

⑥ 【文章Ⅰ】の第五段落3行目に「今の世のその心をもて見るゆゑに、下々のことを書かぬを怪しく思ふも、その時の風儀を知らぬゆゑなり」とある。紫式部と同時代の読者に対して、宣長の時代の『源氏物語』の読者は、その社会階層も広がり、平安貴族とはまったく異なる環境に暮らしている。

だから、『源氏物語』を解釈するためには、平安時代の風俗・文化を理解しなければならないと、宣長はいう。

宣長の主張は、時間・空間を含めて、作者と読者のおかれた世界そのものの相違が解釈の難しさに繋《つな》がっているということである。これは正しい。

以上より、正解は①と③である。

重要単語リスト

単語	品詞	意味
□みゆ【見ゆ】	動	1 現れる 2 女が男と結婚する
□まじらふ【交じらふ】	動	1 交際する 2 仲間になる
□おほかた【大方】	副	1 ふつう・おおよそ・一般に 2［下に打消の語を伴って］まったく（決して）…ない
□さらに…打消【更に】	副	1 まったく（決して）…ない
□かけて…打消	副	1 まったく（決して）…ない
□あやし【怪し・奇し・賤し】	形	1 不思議だ 2 身分が低い
□おぼえ【覚え】	名	1 記憶・知覚・感覚 2 評判・声望 3 寵愛 4 腕前についての自信
□いかめし【厳めし】	形	1 おごそかだ・厳粛だ 2 巨大だ・壮大だ 3 荒々しい・激しい 4 盛大だ

単語	品詞	意味
□すき【好き】	名	1 風流の道 2 恋の道
□みる【見る】	動	1 経験する 2 男女が契りを結ぶ・結婚する
□かんだちめ【上達部】	名	1 三位以上の者・四位の参議
□とく【徳】	名	1 天賦の能力・天性の才能 2 めぐみ・恩恵・おかげ 3 神仏の加護 4 長所・美点 5 富裕・財産 6 利益 7 人徳・道徳
□きよげなり	形動	1 端正だ・きちんとしている
□すべて…打消【総べて】	副	1 まったく（決して）…ない
□めす【召す】	動	1（人を）お呼びになる 2（物を）お取り寄せになる
□うれふ【憂ふ】	動	1 嘆き悲しむ 2 嘆き訴える
□かづく【被く】	動	［四段］1 褒美をいただく 2（自分で）被る ［下二段］1 褒美を与える 2（相手に）被せる

知識の総整理

◆平安時代の位階《いかい》と官職《かんしょく》

役人個人の地位を表す序列・等級のことを位階といい、役人が朝廷において果たすべき職務やポスト（役職）のことを官職という。平安時代においては、位階に応じて官職が決められていた（官位相当《かんいそうとう》）。朝廷の中枢の官職（中央官制）とともに、代表的な位階と官職の対応をおさえておこう。

■中央官制

- 太政大臣《だいじょうだいじん》
  - 左大臣・右大臣・内大臣
    - 大納言《だいなごん》・中納言《ちゅうなごん》・参議《さんぎ》
      - 左弁官《さべんかん》
        - 中務《なかつかさ》省（詔書の作成など）
        - 式部《しきぶ》省（文官の人事など）
        - 治部《じぶ》省（仏事・外交など）
        - 民部《みんぶ》省（民政・財政など）
      - 少納言《しょうなごん》
      - 右弁官《うべんかん》
        - 兵部《ひょうぶ》省（武官の人事など）
        - 刑部《ぎょうぶ》省（裁判・刑罰など）
        - 大蔵《おおくら》省（収納・貨幣など）
        - 宮内《くない》省（宮中の事務など）

■官位相当表

	一位	二位	三位		四位		五位		六位	
			正	従	正	従	正	従	正	従
太政官	太政大臣	左大臣 右大臣 内大臣	大納言	中納言	参議			少納言		
蔵人所						蔵人頭		五位蔵人		六位蔵人
六衛府				近衛大将		近衛中将	近衛少将			
国司								大国守	中国守 大国介	小国守

※（網掛け）……上達部《かんだちめ》　（太枠）……殿上人《てんじょうびと》

※太政官《だいじょうかん》……現在の内閣にあたる。国政を司《つかさど》った。

※蔵人所《くろうどどころ》……天皇の側近で、宮中の一切を司った。

※六衛府《ろくえふ》……宮中の警護にあたった六つの役所。

解答解説　第4回

解説動画

出演：栗原隆先生

設問	解答番号	正解	配点	自己採点①	自己採点②
問1	1	⑤	5		
	2	①	5		
	3	③	5		
問2	4	④	6		
問3	5	①	6		
問4	6	③	6		
問5	7 - 8	③-⑤	12 (各6)		
合計(45点満点)					

(注) –(ハイフン)でつながれた正解は，順序を問わない。

第4回 近代評論と軍記物語

出典

◆『木《き》曾《そ》義仲論《よしなかろん》』

一九一〇年（明治四三年）、芥川龍之介《あくたがわりゅうのすけ》が旧制の東京府立第三中学校に在学中だった頃に「東京府立第三中学校学友会誌」に寄稿したもの。この時、芥川龍之介は満一八歳。

芥川龍之介は大正時代の代表的な小説家で、東京帝国大学在学中に、久米正雄《くめまさお》・菊池寛《きくちかん》らと文芸雑誌である第三次・第四次『新思潮《しんしちょう》』❶を創刊する。一九一六年（大正五年）に発表した小説『鼻』が夏目漱石《なつめそうせき》❷に認められて文壇に登場し、題材を王朝説話集からとった『羅生門《らしょうもん》』『芋粥《いもがゆ》』などの王朝ものや、『奉教人《ほうきょうにん》の死』などのキリシタンものなどの小説を発表した。新技巧派の代表的作家となったが、『河童《かっぱ》』や、遺稿としてその死後発表された『或阿呆《あるあほう》の一生』『歯車』を書き上げた後、一九二七年（昭和二年）に自殺。享年三六歳。命日を「河童忌《かっぱき》」という。その名を記念してのち芥川賞❸がもうけられた。

◆『平家物語』

---

❶『新思潮』――小山内薫《おさないかおる》の個人誌として出発した文芸雑誌。第三次・第四次では芥川龍之介や菊池寛らが活躍し、理知的な態度や技巧的な文章表現を重視した彼らのグループは新思潮派と呼ばれた。

❷夏目漱石（一八六七～一九一六）――明治時代から大正時代にかけての小説家。松山中学・熊本第五高等学校の教授。一九〇五年に『吾輩《わがはい》は猫である』で文壇に登場する。主な著書は『坊っちゃん』『草枕』『虞美人草《ぐびじんそう》』『三四郎』『それから』『門』『彼岸過迄《ひがんすぎまで》』『行人《こうじん》』『こころ』『道草』『明暗』など。

❸芥川賞――正式名は芥川龍之介賞。芥川の友人である菊池寛の提唱で、一九三五年（昭和一〇年）にもうけられた純文学賞。新人の文壇への登竜門とされている。過去に井上靖《いのうえやすし》・大江健三郎《おおえけんざぶろう》・又吉直樹《またよしなおき》などが受賞している。

鎌倉時代前期の軍記物語。『徒然草《つれづれぐさ》』では作者として後鳥羽《ごとば》院時代の信濃前司行長《しなののぜんじゆきなが》の名があげられているが、他にも諸説があり、作者・成立年ともに未詳。

一二世紀末の治承《じしょう》・寿永《じゅえい》期（一一七七〜八五年）の動乱を素材としている。平清盛を中心とする平家一門の興亡を中心とした構成で、仏教の❹無常観《むじょうかん》のうえに立ちながら、躍動的な武士の姿を描いており、軍記物語の最高傑作と評されている。

『平家物語』は、盲目の芸能者である琵琶法師《びわほうし》によって「語りもの（平曲《へいきょく》）」として語られたことから、多くの異本が生まれた。琵琶法師たちが平曲の台本として用いたのが、語り本としての『平家物語』。一方、読み物として享受されたのが読み物系の諸本で『源平盛衰記《げんぺいじょうすいき》』などがある。これらは美しい「和漢混淆文《こんこうぶん》」で記述されている。

通釈

◆【文章Ⅰ】『木曾義仲論』

その通り、彼（木曽義仲）は成功と同時に失敗を手に入れた。彼の粟津《あわづ》の敗死はすでに彼が、軍馬を走らせて、後方の連絡なく遠く敵地に入り込み、（源氏の）白旗《しらはた》を翻して京都に入った日に兆していた。彼は、己の盛んな立身出世したいという希望の念を満足させると同時に、彼の（政治的）立ち位置がこの上なく危険であるということを感じないではいられなかった。彼は北方の精強な革命軍を率いて京都に入った。がしかし、京都は彼らの安住の地ではなかった。剣と酒とを愛する北国の兵士（たち）

---

❹**無常観**——いっさいのものは無常であるとして、世の中ははかないものだと思う考え方。無常とは、「すべてのものは、生まれ滅びる。つまり絶えまなく変化しており、常ではない」ということを意味する。

◎**琵琶法師**

は、その兵糧の窮乏を感ずるやいなや、ただちに都市村落を略奪した。彼らのなす行動は徹底して直截《ちょくせつ》的で、しかも徹底的に粗暴であった。彼らは、馬を青田に放って飼料として食べさせることを躊躇《ちゅうちょ》しなかった。彼らは寺院の建築物を破壊して、薪炭とすることを恐れなかった。

彼らは、彼らの野性によって、❺故実《こじつ》に基づく儀式や❻格式《かくしき》を重んずる京都の人心を驚愕動揺させた。そして天下は、彼らを指さして「平氏にも劣っている源氏だ」と嘲笑していた。このことは、確実に彼が上洛《じょうらく》と同時に、こうむった最初の打撃であった。しかも（それは）ただ彼らの狼藉《ろうぜき》だけにとどまらず、荒馬にまたがり、長槍をたずさえ、敵の包囲を破り、敵将を斬首する以外に、春雨に向かって琵琶を弾ずるような風流をも、秋月を仰いで尺八を吹くような詩歌の宴をも理解しなかった彼らは、彼らがあらゆる局面で演じた滑稽と無作法とによって、京都（の人）の反感と冷笑とをかってしまっていたのだった。

◆【文章Ⅱ】『平家物語』

およそ、京の中には源氏の武士が満ち満ちて、いたるところで人家に侵入して収奪することが多い。❼賀茂《かも》神社、❽石清水八幡宮《いわしみずはちまんぐう》の御領地でもお構いなしに、青田を刈って秣《まぐさ》にしている。他人の倉を押し開けて物を取ったり、道行く人の持物を奪い取ったり、着ている物を剥《は》ぎ取ったりしている。「平家一門が都にいらっしゃった時は、（彼らの

---

❺**故実**――儀式や法令、作法などにおいて、手本にすべきとされる先例。しきたり。

❻**格式**――身分や家柄などによって定められている礼儀や作法などの決まり。

❼**賀茂神社**――下鴨《しもがも》神社と上賀茂《かみがも》神社の総称。朝廷から庶民にいたるまで、広く民衆の崇敬を受けた。賀茂神社の祭りである賀茂祭は「葵祭《あおいまつり》」として有名である。

❽**石清水八幡宮**――都を守護するために、宇佐《うさ》八幡宮から勧請《かんじょう》された神社で、とくに皇室から厚い崇敬を受けた。源氏が氏神として崇敬していた神社でもある。

ことを）六波羅殿《ろくはらどの》などといって、ただ普通に恐ろしかっただけである。衣装を剥ぎ取るまではなかったのになあ。平家に源氏がなり代わって、かえってひどくなった」と人は申しておりました。

木曽の左馬頭《さまのかみ》義仲のもとに後白河法皇《ごしらかわほうおう》から御使者がある。「（配下の武士たちの）狼藉をしずめよ」とのご命令をお下しになる。御使者は壱岐守《いきのかみ》知親《ともちか》の子息で壱岐判官《ほうがん》知《とも》康《やす》という者である。天下に優れた鼓《つづみ》の名人であったので、その頃の人々は（壱岐判官知康のことを）「鼓判官《つづみほうがん》」と申しておりました。木曽は（壱岐判官知康と）対面して、まずご返事をも申し上げずに、「いったい（世間の人が）あなたのことを『鼓判官』というのは、（あなたは）大勢の人々に打たれでもなさったのか、張られでもなさったのか」と尋ねていた。知康は返事もできず、院の御所に帰り（院のもとに）参上して、「義仲は愚か者でございます。すぐにもきっと朝敵となりましょう。急いで追討なさいませ」と申し上げたので、法皇は、追討なさるのならば、それにふさわしい武士にも仰せ付けなさるのが適当なのに、それもなさらずに、比叡山延暦寺《ひえいざんえんりゃくじ》[9]の天台座主《てんだいざす》と三井寺《みいでら》[10]（園城寺《おんじょうじ》）の長吏《ちょうり》にお命じになって、延暦寺・三井寺の僧兵たちを呼び集めなさった。公卿《くぎょう》・殿上人《てんじょうびと》がお集めになった軍勢と申しますのは、向礫《むかいつぶて》・印地《いんじ》などと呼ばれた、小石を投げて戦う下賤な者ども、身分の低い無頼の青年たち、僧形をした無法者どもであった。

木曽左馬頭（に対して）、院のご機嫌が悪くなっていると噂がたったので、はじめ

◎鼓

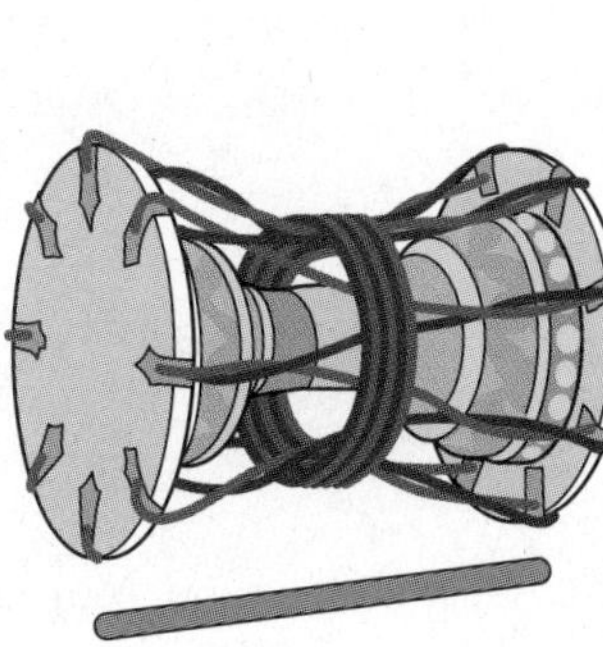

[9] **延暦寺**——七八五年に最澄《さいちょう》が開いた、天台宗《てんだいしゅう》の総本山。僧兵を組織して朝廷に強訴するなど、平安時代末期以降になると政治的にも社会的にも勢力を持った。

[10] **三井寺**——園城寺の通称。天台宗の寺院。奈良時代末の創建とされており、平安時代に再興された。

は木曽に従っていた五畿内の兵士どもは、みな木曽に背いて院方へ参上する。信濃源《しなのげん》氏《じ》の村上《むらかみ》三郎判官代基国《もとくに》は、これも木曽に背いて法皇方へ参上した。（木曽義仲の[11]乳母《めのと》子《ご》で腹心の部下である）今井四郎が申しましたことは、「これこそもってのほかの一大事でございます。後白河法皇がお背きになったからといって後白河法皇に対し申し上げて、どうして合戦をなさることができましょうか。甲を脱ぎ、弓の弦を外して、法皇のもとに降人として出頭申し上げなさいませ」と申し上げますと、木曽は激怒して、「俺が信濃国を出立した時、麻績《おみ》・会田《あいだ》の戦をはじめとして、北国（の戦）では砥《と》浪山《なみやま》・黒坂《くろさか》・篠原《しのはら》、西国（の戦）では福隆寺《ふくりゅうじ》縄手《なわて》、篠《ささ》の迫《せまり》、板倉《いたくら》城を攻めたけれども、まだ一度も敵に背後を見せたことはない。たとえたとえ相手が[12]十善帝王《じゅうぜんていおう》（である後白河法皇）でいらっしゃるとしても、甲を脱ぎ、弓の弦を外して降服して出頭申し上げることはできない。詳しく言うならば、都の守護をしているような者が、馬を一匹ずつ飼って乗らないことがあるだろうか。いくらでもある田などを刈らせて秣にするようなことを、無理に法皇がお咎《とが》めになることがあろうか。兵粮米《ひょうろうまい》が尽きてしまったから、若い奴《やつ》らが都のはずれに行って、時々収奪したとしても、どうしてあながち不都合であろうか。大臣家や皇族方の御所へ参るというのなら不都合なことだろう（が、そうではないのだから）。きっとこれは、鼓判官が俺を亡き者としようとする謀略だと思われるのだ。その鼓の奴めを打ち破って捨ててしまえ。今度（の戦）がこの義仲の最後の合戦であるのだろうよ。[13]頼朝が（後でこのことを）伝え聞くだろうというこ

---

[11] **乳母子**――乳母の子のこと。乳母とは、母に代わって子どもに乳を飲ませ、育児の世話をする女性のこと。乳母に育てられた人物と乳母子は乳兄弟として、特に近しい関係となることが多い。

[12] **十善帝王**――天皇や天子などの異称。前世において、十善（殺生《せっしょう》・悪口《あっく》・貪欲《とんよく》などの十悪を犯さないということ）を行った果報として、この世で天子の位につくことができたという意味。

[13] **頼朝**――源頼朝のこと。鎌倉幕府の初代将軍。木曽義仲は、源頼朝が派遣した源範頼《のりより》・源義経《よしつね》によって粟津で討伐された。

ともある。立派に戦え、者ども」と言って出陣した。北国の軍勢は、みな（自国へ）落ち下って、わずかに六、七千騎が残っていた。

解説

芥川龍之介が生きた明治時代において、公用文などの公式な文書は「普通文」といわれる文体で表記されていた。これは、和文体・漢文訓読体などを融合した文体で、『木曾義仲論』もこの「普通文」で綴《つづ》られている。

今回は『木曾義仲論』と『平家物語』を取り上げた。余力があれば、問題を解くだけでなく、『木曾義仲論』の「普通文」と『平家物語』の和漢混淆文という、文体の違いについてもぜひ味わってみてほしい。

問1

問 傍線部(ア)～(ウ)の解釈として最も適当なものを、次の各群の①～⑤のうちから、それぞれ一つずつ選べ。

1 正解は⑤

2 正解は①

3 正解は③

(ア)「義仲をこの者にて候ふ」

▼傍線部(ア)の構成を分析する。

義仲／をこ／の／者／に／て／候ふ

「をこ」は、形容動詞「**をこなり**」[14]の語幹で、「**愚か・ばか**」なことを表す。「に」は断定の助動詞「**なり**」の連用形、「候ふ」は丁寧語の補助動詞である。

よって、正解は⑤の「義仲は愚か者でございます」である。

(イ)「さらばしかるべき武士にも仰せ付けられずして」

▼傍線部(イ)の構成を分析する。

さらば／しかる／べき／武士／に／も／仰せ付け／られ／ず／して

「**さらば**」[15]は接続詞で、「**もしそうならば**」と順接仮定条件を表す。選択肢群で順接仮定条件となっているのは①②の「追討なさるのならば」と③の「退却なさるのならば」であり、④⑤の「義仲と決別して」は消去できる。

「**しかる／べき**」は「**しかるべきだ・適当だ**」「**そうなるはずの運命だ**」「**相当**

---

⑭ **をこなり**――万葉仮名で「于古《うこ》」「烏滸《うこ》」と表記・発音されたものが、「をこ」と読まれるようになったとされている。奈良時代から盛んに用いられ、「烏滸」「嗚呼」「尾籠」などの表記が用いられた。

⑮ **さらば**――「さ＋あら＋ば」からできた語（↓115ページ）。

だ・立派だ」という三つの意味を表す連語であるが、この「しかるべき」をきちんと訳出している選択肢は①のみである。よって、正解は①の「追討なさるのならば、それにふさわしい武士にも仰せ付けなさるのが適当なのに、それもなさらずに」である。

ちなみに、ここは本来「さらば／しかる／べき／武士／に／も／仰せ付け／らる／べき／に、／さら／ず／して」となるべき箇所であるが、文が短縮・省略されている。

(ウ)「いかでか御合戦候ふべき」

▼傍線部(ウ)の構成を分析する。

いかで／か／御合戦／候ふ／べき

接頭辞「**御**」は「**あり**」と呼応して**尊敬語**となるが、ここは「あり」の丁寧語「候ふ」があるので尊敬語＋丁寧語となる。選択肢群の訳文には、全てに丁寧語が用いられているのだが、その中で尊敬語が用いられているのは、「戦いなさる」となっている①と③に限られる。

副詞「**いかで**」[16]は、疑問「**どうして…か**」、反語「**どうして…か、いや…ではな**

---

[16] **いかで**――「いかで」の後ろに助動詞「む」「けむ」「らむ」「べし」「まし」や、疑問・反語に関係する助詞「か」などがくる場合は疑問・反語の意味になる。

また、「いかで」の後ろに助動詞「む」「まほし」「じ」や、助詞「ばや」「てしがな」「もがな」などの願望に関係する語がくる場合は願望の意味になる。

い」、願望「どうにかして…」という三種類の用法を持っている。ここは前後の文の構造を確認しなければならない。

今井四郎申しけるは、
「……十善帝王に向かひ参らせて、
いかでか御合戦候ふべき。
甲《かぶと》を脱ぎ弓を外《はづ》いて降人《かうにん》に参らせ給へ」
と申せば、
木曽大《おほ》きに怒つて、

今井四郎が義仲に向かって、「後白河法皇に対し申し上げて合戦などできないから、降伏せよ」と進言したから、義仲は激怒したという文脈である。よって、ここの「いかで／か」は反語でなくてはならない。正解は③の「戦いなさってはなりません」である。

問2 4 正解は④

問 傍線部A「彼等の野性」とあるが、その具体的な行為の表現の仕方には【文章Ⅰ】と【文章Ⅱ】に若干の違いがある。その説明として最も適当なものを、次の①～⑤のうちから一つ選べ。

▼各選択肢を検討していこう。

① 「【文章Ⅱ】では略奪の対象が[17]大臣家と皇族に限定されている」とあるが、第一段落1行目には「人の倉をうち開けて物を取り、持ってとほる物を奪ひ取り、衣《い》裳《しやう》を剥ぎ取る」とあり、略奪の対象は無差別となっている。これは誤り。

② 平家の破壊活動は「【文章Ⅱ】では大臣家と皇族の邸宅もその対象に含まれている」とあるが、第三段落8行目の義仲の言葉に「大臣家や宮々の御所へも参らば[18]こそひがことならめ（＝大臣家や皇族方の御所へ参るというのなら不都合なことだろう〔が、そうではないのだから〕）」とある。義仲は大臣家と皇族の邸宅を破壊活動から除外させていたことがわかる。これは誤り。

③ 「【文章Ⅱ】では、その（青田を刈る）対象が賀茂神社、石清水八幡宮の御領地に限定されている」とあるが、第一段落1行目に「賀茂、八幡の御領《ごりやう》ともいはず青《あを》田《た》を刈りて秣《まくさ》にす」とある。馬の飼料のために兵士たちが青田を刈った対象は無差別であった。これは誤り。

④ 【文章Ⅰ】では第一段落5行目に「彼等は[19]伽藍《がらん》を壊《こぼ》ちて、薪《たきぎ》とするを恐れざりき」とあり、兵士たちが薪炭のために寺院の建物を破壊したことが述べられてい

---

⑰ **大臣家**――太政官の上官である太政大臣・左大臣・右大臣・内大臣などに任命されている者の家。平安時代の中央官制については96ページを参照。

⑱ **こそ……已然形**――係助詞「こそ」は、文中で「こそ……已然形」の形で用いられると逆接の意味を表す。

⑲ **伽藍**――僧侶が集まって仏道修行をする場所のこと。寺院の建物の総称。

るが、【文章Ⅱ】には薪炭のための破壊活動の具体的な行為は述べられていない。よって、④が正解である。

⑤【文章Ⅰ】【文章Ⅱ】ともに、兵糧・馬の飼料のため民間人から略奪したことは共通して述べられている。しかし、【文章Ⅱ】の第一段落2行目で「持つてとほる物を奪ひ取り、衣裳を剥ぎ取る」と、通行人から衣装を剥ぐ追剥《おいはぎ》行為が述べられているのに対して、【文章Ⅰ】にはそのような記述は見えない。これは誤り。

問３ 5 正解は①

> 問 傍線部Ｂ「京洛の反感と冷笑とを購《あがな》ひ得たり」とあるが、その原因はどのようなところにあったのか。その説明として最も適当なものを、次の①～⑤のうちから一つ選べ。

▼傍線部Ｂの前の文の構造を分析する。

> 悍馬《かんば》に跨《また》り長槍《ながやり》を横《よこた》へ、囲《かこみ》を潰し将を斬るの外に、
> 春雨に対して雲和《うんわ》を弾ずるの風流をも、
> 秋月を仰いで洞簫《どうせう》を吹くの韻事をも

彼等は、

解せざりし

彼等が至る所に演じたる**滑稽**と**無作法**とによつて、**京洛の反感と冷笑**とを購ひ得たり。

雲和は琵琶、洞簫は尺八のことを指すため、「彼等」つまり源氏は管絃[20]による風流を理解していないと評価されていることがわかる。また、**問2**で見てきた通り、源氏は兵糧や馬の飼料、薪炭の窮乏のため民間人から略奪をするなど、戦闘のためなら民間人から略奪することを躊躇していない。このような彼らの「滑稽」で「無作法」な姿が、管絃の風流を理解する美意識を持つ京都の人々の反感と冷笑をかったというわけである。このことを述べている①が正解である。

残りの選択肢を検討してみよう。

②「ただ木曽義仲のためになら法皇の命にも従わないという東国武士の価値観」ということは本文のどこにも述べられていない。これは誤り。

③【文章Ⅱ】の第二段落3行目の「そもそも和殿《わとの》を鼓判官といふは、よろづの人に打たれたうたか、張られたうたか」という言葉は「木曽義仲の気の利いた冗談」と思えないし、「伝統的儀礼制度にがんじがらめになっている鼓判官」という描

---

[20] **管絃**——尺八などの管楽器や、琵琶・琴などの絃楽器の総称。また、それらによって奏でられる音楽。平安貴族にとって、管絃の風流とは宮廷生活において必要とされる教養であった。

◎琵琶

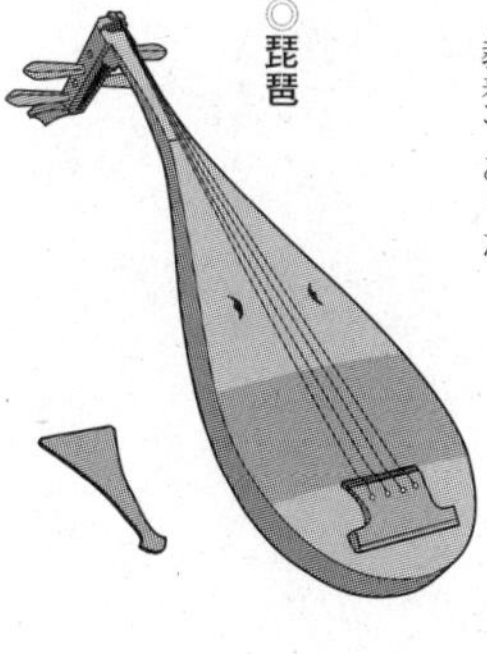

◎尺八

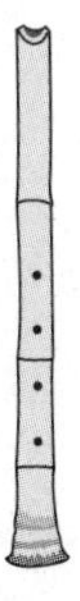

写も本文にはない。これは誤り。

④「よろづの人に打たれたうたか、張られたうたか」という発言は「場を和ませるためであった木曽義仲の気配り」ではなかったし、「出自・階層」に関する鼓判官の発言も本文にはない。これは誤り。

⑤「管絃等の芸術にまったく価値を見出せず、ただ戦闘のためになら手段を選ばない」という木曽義仲らの価値観は述べられているが、それが「青年の新しい価値観」という評価はなされていない。これは誤り。

問４ 6 正解は③

問　傍線部C「朝敵《てうてき》になり候ひなんず」の語句や表現に関する説明として**適当でないもの**を、次の①～⑤のうちから一つ選べ。

▼傍線部Cの構成を分析する。

朝敵／に／なり／候ひ／な／んず

① 助詞は一語、格助詞「に」である。これは正しい。

◎格助詞一覧

語	接続	用法
のが	体言 連体形	主格（…ガ） 連体修飾格（…ノ） 同格（…デ） 準体格（…ノモノ） 比喩（…ノヨウニ）
を		対象（…ヲ） 起点（…カラ） 経過点（…ヲ通ッテ）
に		場所・時（…ニ） 対象（…ニ） 目的（…ノタメニ） 変化の結果（…ニ） 原因・理由（…ニヨッテ・…ノタメニ） 比較の基準（…ニ・…ヨリ）
と		並列（…ト） 共同者（…ト） 変化の結果（…ト・…ニ） 比喩（…ノヨウニ） 引用（…ト）

② 完了の助動詞「ぬ」の未然形に推量の助動詞「んず」の終止形がついている。助動詞は二語で、これは正しい。

③ 未然形の活用語は、完了の助動詞「ぬ」の未然形「な」しかない。「二語ある」は誤り。よって、③が正解である。

④ 丁寧語の補助動詞「候ふ」の連用形「候ひ」が用いられている。これは正しい。

⑤ 丁寧語の「候ひ」は、知康の後白河法皇に対する会話文中に用いられている。話し手の知康から聞き手の後白河法皇に対する敬意を表している。これは正しい。

問5 7 ・ 8 正解は③・⑤（順不同）

> 問
> 次に掲げるのは、**【文章Ⅰ】【文章Ⅱ】**に関して、生徒たちと教師が交わした授業中の会話である。会話の後に生徒たちから出された発言①〜⑥のうち、適当なものを**二つ**選べ。ただし、解答の順序は問わない。

▼各選択肢を検討していこう。

① 樋口一葉《ひぐちいちよう》の文体は井原西鶴《いはらさいかく》の**雅俗折衷**《がぞくせっちゅう》[21]の文体を規範にしたものであり、**言文一致**《げんぶんいっち》[22]を試みたものではない。これは誤り。ちなみに、代表作『たけくらべ』の冒頭は以下の通り。

より	から	にて	して	へ
体言・連体形				体言
起点（…カラ） 経過点（…ヲ通ッテ） 比較の基準（…ヨリ・…ヨリモ） 手段・方法（…デ） 即時（…トスグニ）	起点（…カラ）	場所・時（…デ） 手段・方法（…デ） 原因・理由（…デ・…ノデ）	手段・方法（…デ） 共同者（…ト） 使役の相手（…ニ命ジテ）	方向（…へ）

[21] **雅俗折衷体**——地の文は平安時代の和歌や仮名文字を基調とする雅文もしくは文語体、会話は江戸時代以降の日常的・実務的な口語体で書かれた文体。「雅俗折衷」という言葉自体は明治時代に生まれたが、その先駆けは井原西鶴や近松門左衛門《ちかまつもんざえもん》にさかのぼる。

[22] **言文一致体**——話し言葉に近い形で書かれた文体。言文一致を試みた初期の小説に、山田美妙《やまだびみょう》の『武蔵野《むさしの》』や二葉亭四迷《ふたばていしめい》の『浮雲《うきぐも》』などがある。

「廻《まは》れば大門の見返り柳いと長けれど、お歯ぐろ溝《どぶ》に燈火《ともしび》うつる三階の騒ぎも手に取る如《ごと》く、明けくれなしの車の行来《ゆきき》にはかり知られぬ全盛をうらなひて、大音寺前と名は仏くさけれど、さりとは陽気の町と住みたる人の申き、……」。

②『舞姫《まいひめ》』の作者は森鷗外《もりおうがい》なので、これは誤り。ちなみに、『舞姫』の冒頭は以下の通り。

「石炭をば早や積み果てつ。中等室の卓《つくゑ》のほとりはいと静にて、熾熱燈《しねつとう》の光の晴れがましきも徒《いたづら》なり。今宵《こよひ》は夜毎《ごと》にここに集ひ来る骨牌《カルタ》仲間も『ホテル』に宿りて、舟に残れるは余一人のみなれば……」。

③「和漢混淆文」とは、和文と漢文との両方の要素を持つ文体。鎌倉時代以降の『平家物語』『太平記』などの軍記物や『海道記《かいどうき》』『東関紀行《とうかんきこう》』などの紀行文に見られる。これは正しい。

④【文章Ⅱ】に出てくる音便は、促《そく》音便「持つて」「参つて」「怒つて」「破つて」「下つて」、ウ音便「打たれたうたか」「問うたり」「悪しう」「従うたり」「飼《か》うて」、イ音便「背いて」「外《はづ》いて」などがある。イ音便もあるので、これは誤り。

⑤【文章Ⅰ】の第一段落1行目に「彼が粟津《あはづ》の敗死は既に彼が、懸軍長駆《けんぐんちやうく》、白旗をひるがへして洛陽《らくやう》に入れるの日に兆《きざ》したり」とあり、2行目に「彼の位置の頗《すこぶ》る危険なるを感ぜざる能《あた》はざりき」とある。芥川は義仲を、京都に入った時にすでに自分の運命を感じていたなどと感性の鋭い人間として描いている。これは正し

◎音便の種類

1 イ音便―書きて→書いて
2 ウ音便―買ひて→買うて
3 撥《はつ》音便―飛びて→飛んで
4 促音便―立ちて→立つて

い。

⑥【文章Ⅱ】の第三段落9行目では「これは鼓判官が凶害《きょうがい》とおぼゆるぞ」と状況を分析し、「今度は義仲が最後の軍《いくさ》にてあらんずるぞ」と冷静に覚悟を決め、10行目では「頼朝が返り聞かんところもあり」と遠くにいる頼朝のことまで考慮している義仲は、「まったく思慮がない田舎の猪《いのしし》武者」ではない。これは誤り。

以上より、正解は③⑤である。

重要単語リスト

□	おほす【仰す】	動	1 おっしゃる・お命じになる
□	をこなり【痴なり・烏滸なり・尾籠なり】	形動	1 愚かだ・ばかだ
□	しかるべし【然るべし】	連語	1 しかるべきだ・適当だ 2 そうなるはずの運命だ 3 相当だ・立派だ
□	やまぼふし【山法師】	名	1 比叡山延暦寺の僧兵
□	てらほふし【寺法師】	名	1 三井寺（園城寺）の僧兵
□	いふかひなし【言ふ甲斐無し】	形	1 どうしようもない 2 取るに足らない
□	ひがこと【僻事】	名	1 間違い 2 悪事

知識の総整理

◆指示副詞と指示動詞・接続詞

指示副詞「さ・しか」は、「そう・そのように」、「かく」は「こう・このように」の意味。また、「さて・かくて」も指示副詞で、「さて」は「そのままで」、「かくて」は「このようにして」の意味となる。

これら指示副詞「さ・しか・かく」の下にラ変動詞「あり」がついて変化した動詞「さり・しかり・かかり」を、「指示動詞」という。「さり・しかり」は「そうである」、「かかり」は「こうである」の意味。

さらに、指示動詞「さり・しかり・かかり」に接続助詞「ば・ども・ど・に・を」がついて変化すると、「接続詞」になる。「未然形＋ば」で「順接仮定条件」、「已然形＋ば」で「順接確定条件」、「已然形＋ど・ども」で「逆接確定条件」、「終止形＋とも」で「逆接仮定条件」、「連体形＋に・を」で「順接・逆接・単純接続」など、それはもう何通りも存在する。

例 指示副詞と指示動詞・接続詞

●指示副詞

さ……………そう・そのように
しか…………そう・そのように
かく…………こう・このように
さて…………そのままで
かくて………このようにして

●指示動詞

さり（さ＋あり）…………そうである
しかり（しか＋あり）……そうである
かかり（かく＋あり）……こうである

●接続詞

さらば（さ＋あら＋ば）…………そうならば
しかれば（しか＋あれ＋ば）……そうだから
かかれど（かく＋あれ＋ど）……このようだけど
さりとも（さ＋あり＋とも）……そうであったとしても

◆平安貴族の信仰

今回の問題では「無常観《むじょうかん》」という言葉が出てきたが（→99ページ）、これは仏教の考え方である。平安貴族の思想の根底には、仏教的な考え方があったのである。

また、仏教の他にも、平安貴族は陰陽道《おんみょうどう》という疑似《ぎじ》科《か》学《がく》によって生活のルールを定めていた。その代表的なものが、物忌《ものいみ》や方違《かたたがえ》である。

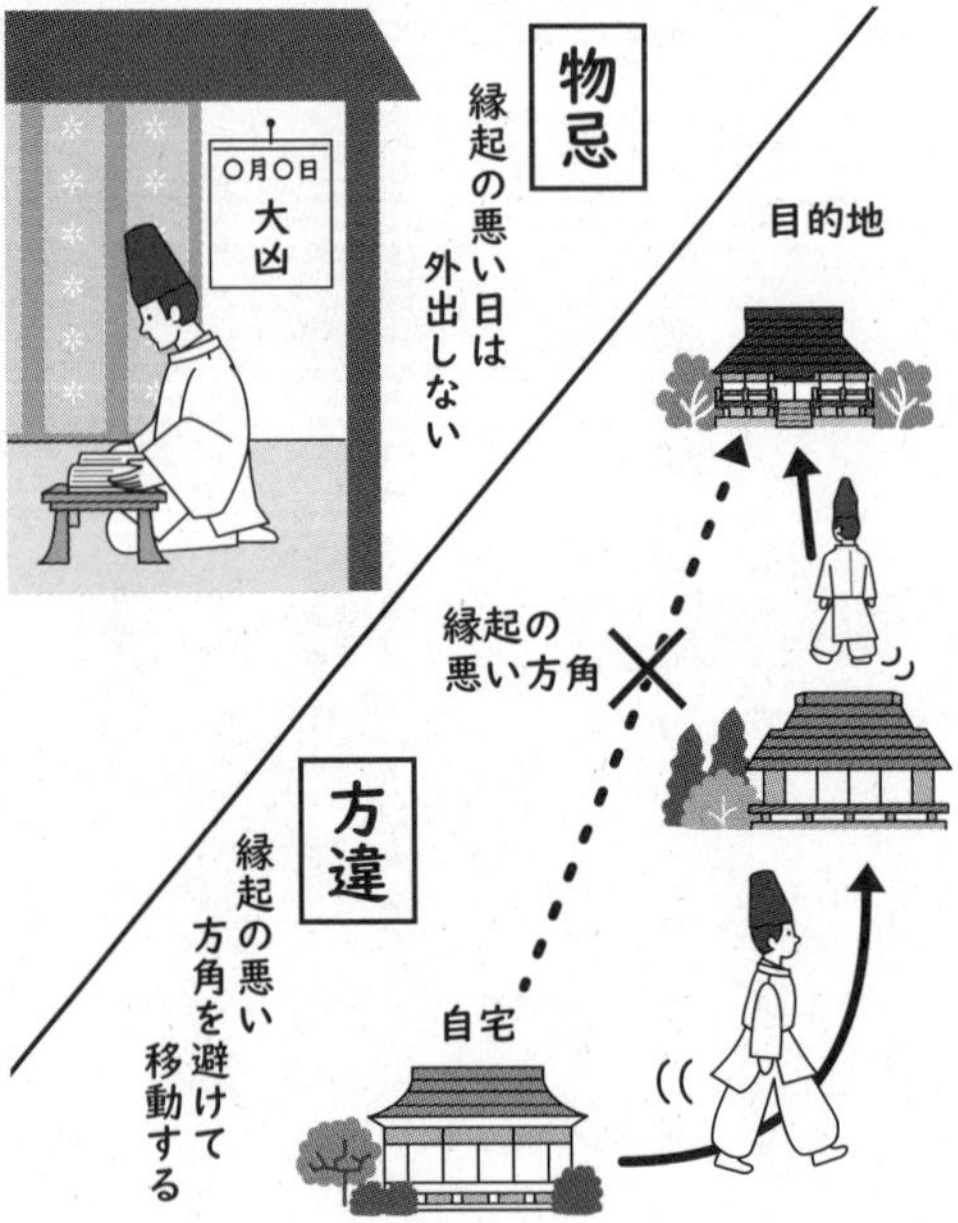

◆平安貴族の遊び

平安貴族の遊びといえば、基本的に「管絃の遊び」を指す。管絃の遊びは、知識人が持つべき教養でもあった。

解答解説

第5回

解説動画

出演：栗原隆先生

設問	解答番号	正解	配点	自己採点①	自己採点②
問1	1	④	5		
	2	③	5		
	3	④	5		
問2	4	③	6		
問3	5	②	6		
問4	6	①	6		
問5	7-8	②-⑤	12（各6）		
合計（45点満点）					

（注）－（ハイフン）でつながれた正解は，順序を問わない。

第5回 平安物語と本説取り

出典

◆『狭衣《さごろも》物語』

平安時代中期の物語。四巻。作者は源頼国《みなもとのよりくに》の娘の禖子内親王宣旨《ばいしないしんのうせんじ》と考えられ、一〇六九～七七年（延久《えんきゅう》・承保《じょうほう》）頃の成立と推定されている。

狭衣大将とその従妹《いとこ》の源氏宮《げんじのみや》との実らぬ恋を中心に、女二宮《おんなにのみや》や飛鳥井《あすかい》の女君たちとの悲恋を織り交ぜて物語が展開されている。『源氏物語』の影響を受けた作品である。鎌倉時代には『源氏物語』に次ぐ秀作と評価され、和歌や御伽草子《おとぎぞうし》・謡曲《ようきょく》などの題材とされるなど広く親しまれた。

◆『拾遺愚草《しゅういぐそう》』

鎌倉時代初期の私家集。藤原定家《ふじわらのさだいえ》の自撰《じせん》歌集。本編三巻と員外四巻からなる。一二一六年（建保《けんぽう》四年）に成立し、その後、一二三七年（嘉禎《かてい》三年）頃まで追加された。歌数三八〇〇首。六家集《ろっかしゅう》の一つ。

書名の「拾遺」とは「❶侍従《じじゅう》」の唐名で、定家の官職名のこと。

◎物語文学の流れ

作り物語：『竹取《たけとり》物語』『宇津保《うつほ》物語』『落窪《おちくぼ》物語』 → 『源氏物語』
日記：『蜻蛉《かげろう》日記』 → 『源氏物語』
歌物語：『伊勢《いせ》物語』『大和《やまと》物語』『平中《へいちゅう》物語』 → 『源氏物語』

『源氏物語』 → 『浜松中納言《はままつちゅうなごん》物語』『夜《よる》の寝覚《ねざめ》』『狭衣物語』『堤中納言《つつみちゅうなごん》物語』『とりかへばや物語』 → 擬古物語 → 御伽草子 → 仮名草子 → 浮世草子 → 読本

通釈

◆【文章Ⅰ】『狭衣物語』

（狭衣は）「それでは、本当のことだったのだなあ」とお思いになると、「（私の）顔色も（今は）変わっているだろうよ」と思われるほど驚嘆するが、それをさりげなくお振る舞いになって、「（その身を投げたという女はお前にとって）本当に並々ならず思いの深い人だったのだな。かえって、（私は）気味の悪い感じがする」などと、言葉少なで（奥の部屋へ）お入りになってしまった。

（狭衣は）「まったく間が悪く癪《しゃく》に障る❷物忌《ものいみ》であったことよ。（女君に）夢語りをした時に、（私は）自然な調子でそのわけをも聞けばよかったのになあ。（彼女は）あれほどに固く（私と将来を）誓っただろうに、その様子をまったく察しなかったということだよ。（彼女は）何と言って、その暁（家を）出たのであろうか」などと、その際の女の様子が無性に気がかりで、……（中略）……残念に思われることこの上ない。「今まで自分と深い関係となった女性たちを不幸にしてしまったのも、前世の宿縁だが、それも情けない」と思い続けられなさって、涙が止めようもなく流れ、「（道成も）私の女だと知ってしたことではないのだが、人もあろうに、こんなことをしでかして私の心にこれほどのつらい思いをさせるのも、その罪は重い」という気がして、昔のようには（❸乳母子《めのとご》の道成のことを）お思いになることはできそうになかった。

翌日、（狭衣が）「その、女が入水《じゅすい》する直前に『風に伝えよ』と書きつけたとかいう

---

❶**侍従**――天皇に近侍し、その職務を補足した官職のこと。中務省《なかつかさ》の所属。

❷**物忌**――縁起の悪い日に外出などを避けること。陰陽道《おんみょうどう》の信仰にもとづく平安貴族の生活習慣（↓116ページ）。

❸**乳母子**――乳母の子のこと。乳母とは、母に代わって子どもに乳を飲ませ、育児の世話をする女性のこと。乳母に育ててもらった人物と乳母子は乳兄弟として、特に近しい関係となることが多い。

扇も、見てみたい」などとおっしゃったので、（道成はその扇を）持って参上して、「これは行く末までの（あの女の）形見だと存じますので、必ずお返しいただきたいのです」と申し上げるので、（狭衣は）最後にはさりげない様子で、「もしも、（お前から）聞いた通りの話ならば、無理に（お前がその女のことを）偲《しの》ばなくてもよさそうな気がする。もしかしたら、その女が操《みさお》高く最後までお前に許さなかったという感動的な美談として、話を飾ったのか」とおっしゃるので、（道成は）必死に誓って、「（その女が）『（私を）生かしておこうと（あなたが）思うのならば（無理強いはしないでください）』と懇願しましたので、決して（私はその女を）どうこうするなどということはいたしませんでした。（あの女は）どれほど思い嘆いて、あんなあさましい入水自殺など思いつきましたのでしょうかと、今でも思い出されるのですよ」と、本気で恨みごとを言うのを聞くと、（狭衣は）ほんの少し気が晴れるような感じにおなりになった。

（道成は）退出して行ったが、その後ろ姿を、簀子《すのこ》の近くの庇《ひさし》の間の端で横になって眺めていらっしゃると、空は一面にたいそう霞《かすみ》がかかっていて、月の光も少しぼんやりとしているが、それは（狭衣の）涙で曇っているのではないだろうか。女房たちが御前を下がったりしたので、（狭衣は）この扇が早く見たくて、簀子の近くの庇の間の端で月の光にかざして急いでご覧になると、それは紛《まぎ》れもなく女君の筆跡なので、目の前も涙でかすんで、しっかりと判読なさることもおできになれない。本当に（文

◎**女君の入水**――女君は、瀬戸内海の虫明《むしあけ》の瀬戸《せと》のあたりで入水を決意したとされる。なお、実際には、女君は入水せず行方不明になっただけで、生きていたのだが、この時の狭衣と道成は「女君は入水して死んだ」と勘違いしている。よって、今回の解説でも、狭衣や道成の立場にたって、「女君が入水自殺を遂げた」ことを前提として話を進めることにする。

字を）洗い流した（女君の）涙の様子もはっきりとわかって、有るか無きかの（かすれた）箇所を、たどりながら判読なさるにつれて、今となっては最後だと（覚悟を決めて）身を投げたという状況や、心の中を見るような気がして、悲しいなどという言葉では表現できない（ほど悲痛である）。

◆【文章Ⅱ】『拾遺愚草』寄月恋《よりづきごい》

（自分はどうしたらよいのかと）ためらいながら出て行ってしまい、そのまま姿を消してしまった、あの月の光のようなあなたよ。私の涙だけは私の袖に宿り、未来永《えい》劫《ごう》にわたってあなたのことを待つだろう。私はもう波の底に沈んでしまったあなたのことを待つことはできないのだけれど。

解説

今回は「**本説取り**」という技法が使われた和歌が主題の問題である。

ここで、第1回の「本歌取り」を思い出してほしい。[4]本歌取りとは、「先行する優れた和歌作品の表現・発想・趣向などを意識的に取り入れる表現技法」であり、参考にする「本歌の世界観と本歌取りの歌の世界観が、解釈する者のイメージの中で豊かに重なり合いながら展開される」と説明した。この場合、当たり前だが、参考にする「本歌」は和歌である。

---

[4] **本歌取り**――参考にする和歌のことを「本歌」という。本歌取りの技法を使うと、「本歌」と「本歌取りの歌」が連続したストーリーを構成するようになり、本歌の世界観と本歌取りの歌の世界観が、解釈する者のイメージの中で豊かに重なり合いながら展開される。本来31音節しか使えない和歌だが、「本歌取りの歌」は62音節以上の情報量を発することができるようになるのである。

それに対して今回の主題である「本説取り」という表現技法は、和歌ではなく「物語」を参考にしている。そのため、物語の登場人物や場面描写など、本歌取りよりも豊富な情報量を和歌に取り込めるというメリットがある。

このような、本歌取りとの違いを楽しみながら、その内容について深く吟味してほしい。

問１

1 正解は④

2 正解は③

3 正解は④

> 問 傍線部(ア)〜(ウ)の解釈として最も適当なものを、次の各群の①〜⑤のうちから、それぞれ一つずつ選べ。

(ア)「つれなうもてなしたまひて」

▼傍線部(ア)の構成を分析する。

つれなう／もてなし／たまひ／て

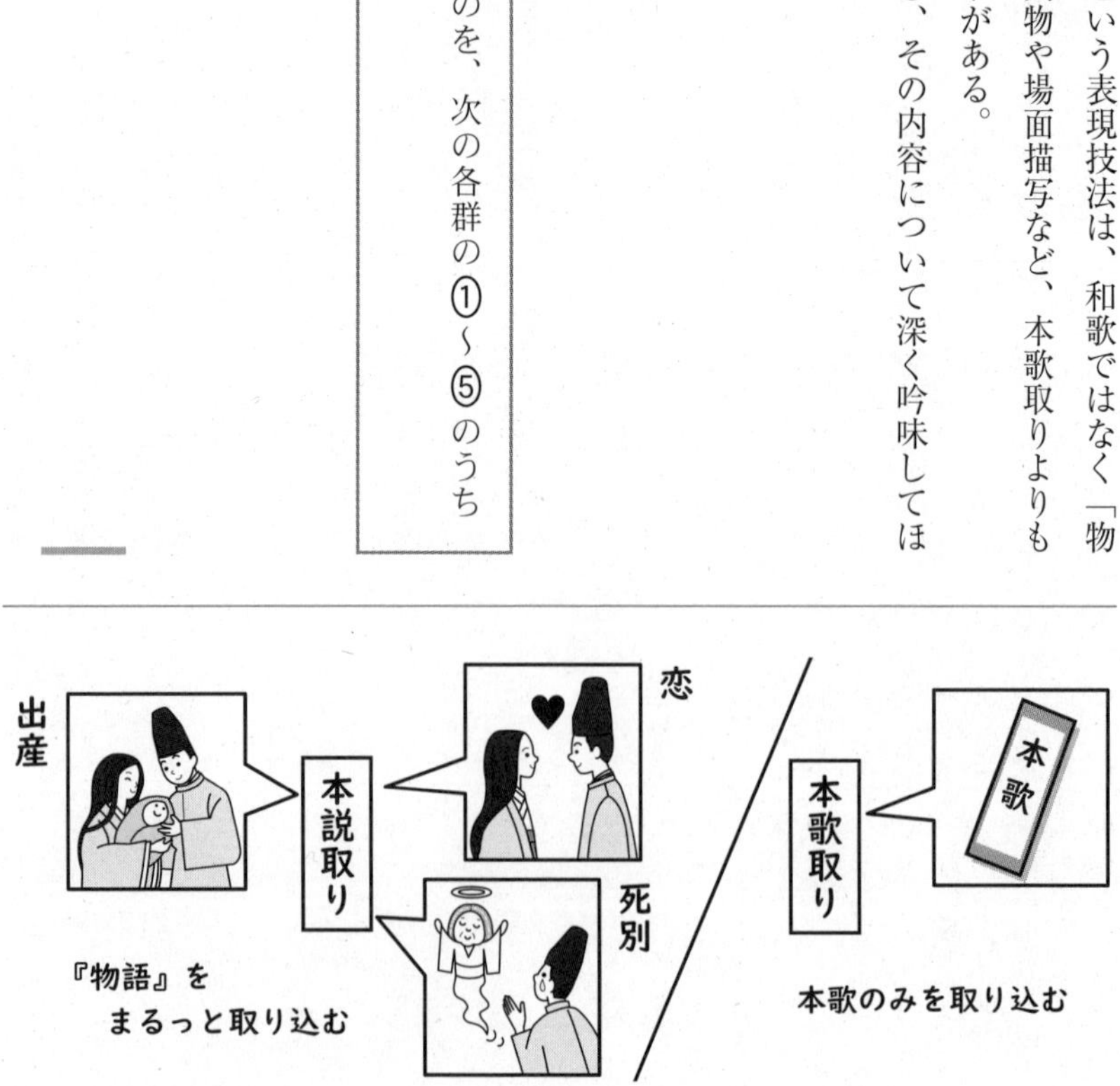

「**つれなし**」の語源は「連れ無し」とされている。周囲のものと関係・関連がなく無反応である「何の変化もない・何事もない・変わらない」状態を意味した。ここから「**素知らぬ様子だ・平気な様子だ・さりげない**」という意味になり、このような人の態度から「**冷淡だ・冷たい**」という意味が生じた。また、下に「命」「齢《よはひ》」を伴って、「**ままならない・思うに任せない**」などの意味にも用いられる。

「**もてなす**」は本来「物事を取り扱う」「処理する」という意味を表す動詞。やがて「人間を取り扱う」ようになると「**世話をする**」という意味で用いられるようになる。さらに、その世話が過剰になると「**もてはやす**」という意味が派生した。また、自分で自分を取り扱う、つまり自分で自分をコントロールすることから「**振る舞う**」という意味も生まれた。

四段活用の「たまふ」は尊敬語の補助動詞。

傍線部(ア)の前では「気色⑤も変るらんかしとおぼゆるまでいみじきを」とあるので、狭衣は道成と同行した女性（女君のこと）の入水自殺の話を聞いて衝撃を受けている。

しかし、その後の会話文「かへりては、疎ましうこそおぼゆれ」では、まるで他人事のような口ぶりである。狭衣は、入水した女性が自分の想い人だということを道成に知られたくなかった。よって、正解は④の「さりげなくお振る舞いになって」となる。

◎もてなすの意味

◆取り扱う
◆処理する
→ 他人の ◆世話をする → ◆もてはやす
→ 自分で ◆振る舞う

⑤**気色**――本来「けしき」は、「風景」ではなく、何かの様子を表す言葉であった。人間の様子は顔色でわかることから「顔色」の意味となり、顔色でその人の機嫌などがうかがえることから「機嫌」「意向」などの意味を持つようになった。この他、「兆候」や、物事の「情趣」という意味も表すことがある。

(イ)「胸少しあきたまひけり」

▼傍線部(イ)の構成を分析する。

胸／少し／あき／たまひ／けり

連語[6]「**胸／あく**（**胸／開く**）」は、胸のつかえが取れて、閉塞感が解消された心理状態をいう。「**心が晴れる・すっきりする**」などと解釈する。

続いて、傍線部(イ)の前の文の構造を見てみる。

敬語「**申せ**」「**のたまへ**」によって、それぞれ道成と狭衣の会話文だとわかる。

（道成が）「長き世の形見と思うたまふれば、返したまはりなん」と申せば、……
（狭衣が）「……せめて有心に言ひなさるるか」とのたまへば、
（道成は）いみじき誓言《ちかごと》どもを立てて、
「生けてみむと思はばと契りわび侍りしかば、返す返すまろ寝にてのみこそ扱ひ侍りしか。……」と、（道成が）まめやかに恨むるを
（狭衣は）聞くは、胸少しあきたまひけり。

「女君の形見である扇は必ず返してほしい」と懇願する（妙に女君に対する執着

❻ **「胸」を用いる連語**――「胸／開《あ》く」の他にも「胸／塞《ふた》る」「胸／塞《せ》く」がある。これらは心が晴れない状態をいう。悲しみや不安で「胸がいっぱいになる」ことを表現した。

また、「胸／つぶる」「胸／ひしぐ」「胸／はしる」は、胸が締めつけられるような感じをいう。ドキドキ・ハラハラして胸が高鳴る状態である。

心の強い）道成を見て、狭衣は「想い人である女君が、本当は道成に身を任せたのではないか」と不安に感じ、それを確かめるために道成にさりげなく「せめて有心に言ひなさるるか」と尋ねたのだと解釈できる。

「せめて有心に言ひなさるるか」は【文章Ⅰ】の（注6）で「その女性が操高く最後まで道成に許さなかったという感動的な美談として、話を飾ったのか」とあり、「生けてみむと思はばと契りわび侍りしかば、返す返すまろ寝にてのみこそ扱ひ侍りしか」は【文章Ⅰ】の（注7）で「その女が『私を生かしておこうとあなたが思うのならば（無理強いはしないでください）』と懇願しましたので、決して私はその女をどうこうするなどということはいたしませんでした」とある。

狭衣の意地悪な質問に対して、道成は真剣になって反論否定したことがわかる。

そのことを聞いた結果の狭衣の反応であるから、正解は③の「ほんの少し気が晴れるような感じにおなりになった」である。

(ウ)「はかばかしうも見とかれたまはず」

▼傍線部(ウ)の構成を分析する。

はかばかしう／も／見とか／れ／たまは／ず

ついておりません
道成
ウソついてないよね？
狭衣

「はか」は「目当て」や「仕事の進み具合」を意味する語だった。「**はかばかし**」は、物事が順調に「はかどる様子」を表す。「はかどる」ためには「しっかり」「はきはき」「てきぱき」「きちんと」作業を続けなければならない。ここから「**しっかりしている**」「**はきはきしている**」「**てきぱきしている**」「**きちんとしている**」などの意味が派生していった。

助動詞「**る・らる**」は下に尊敬語の補助動詞がある場合、尊敬の意味にはならない。ここは下の打消の助動詞と呼応して「**不可能**」（「る」単独では可能）を表している。

複合動詞「見とく」は基本単語とはいえないが、第四段落3行目の「あるかなきかなる所々、たどりつつ見ときたまふままに」とあることから、「見解く」つまり「見て判読する」ことと推測できる。

以上のことから、正解は④の「しっかりと判読なさることもおできになれない」である。

問２　4　正解は③

問　傍線部A「過ぎにし方のやうには思すまじかりけり」とあるが、狭衣がそのような気持ちになったのはなぜか。その理由の説明として最も適当なものを、

◎助動詞「る」「らる」の用法

1 受身（…レル・…ラレル）
※上に「誰々に」という対象を表す語がある、または補える。

2 尊敬（…ナサル・オ…ニナル）
※主語が高貴な人物である場合が多い。
※下に尊敬語の補助動詞がある場合は、「尊敬」の意味にはならない。

3 自発（自然ト…レル）
※上に心情語や知覚動詞がある場合が多い。

4 可能（…デキル）
※下に打消の語がある場合が多い。

次の①〜⑤のうちから一つ選べ。

▼傍線部Ａに至る文の構造を見る。ここは、心内文[7]が地の文と融合する形をとっている。

「（道成は）それと知りてしたることにはあらねど、人しもこそあれ、（私の女君に）かかるわざをして（道成は）我が心にいとかく（悲しく）思はするも、（道成の）罪重き」

↓（という）心地して、

（狭衣は）過ぎにし方のやうには（道成のことを）思すまじかりけり。

「心地」という心情を意味する名詞の前に、狭衣の心内文が連体修飾節としてかかっているという形になっている。このような構造を持つ文は決して珍しいものではないので、受験生はこのような文構造の存在を知っておいてほしい。

冒頭の解説文の最後にも「この時、道成は死んだ女が狭衣の愛人であったことに気づいてはいなかった」とある。道成は「それと知りてしたる」わけではない

[7] **心内文**――心内語、心中思惟《しい》とも。物語の登場人物が心中で思考していることが内容の部分。古文では、引用記号（「」など）をつけない場合が多い。また、今回の問題文のように、心内文と地の文が融合して連続しているケースもよく見られる。

が、結果的に主人狭衣の想い人である女君に言い寄り自殺を決意するまでに追い込んでしまった。

当然のことであるが、狭衣は「過ぎにし方のやうには（道成のことを）思すまじかりけり」という心情にならざるを得なかった。

よって、正解は③の「女君を自殺に追い込んだ道成の罪は重いと思い、昔のようには乳母子道成のことをお思いになることはできそうになかったから」である。

問３ 5 正解は②

> 問
> 傍線部Ｂ「長き世の形見と思うたまふれば、返したまはりなん」の語句や表現に関する説明として最も適当なものを、次の①～⑤のうちから一つ選べ。

▼傍線部Ｂを含む文の構造を分析する。

敬語「**のたまはせ**」[8]「**申せ**」によって、それぞれ狭衣と道成の会話文だとわかる。

傍線部Ｂは道成の会話文中の言葉である。

道成は「そのありけん扇を、……ゆかしう[9]」という狭衣の命に従って、入水し

---

[8] **のたまはす**――「言ふ」の尊敬語。「のたまふ」よりも敬意が高い。主に天皇に対して用いられる最高敬語だが、今回は作者から狭衣に対する敬意を表している。

[9] **ゆかし**――動詞「行《ゆ》く」の未然形に接尾語「し」がついて形容詞化した語。心がある対象に向かって行きたくなる状態をいう。その「心ひかれる、慕わしい」対象によって「見たい・聞きたい・知りたい・会いたい」などと適宜解釈する必要がある。

た女君がその直前に「風に伝へよ」の和歌を書いた扇を持って、狭衣の邸《やしき》に再び参上したのである。

（狭衣が）「そのありけん扇を、『風に伝へよ』とあらんも、ゆかしう」などのたまはせたれば、
（道成は）持て参りて、
「これは、（私が）長き世の形見と思うたまふれば、（私は）返したまはりなん」
と申せば、

まず、「**たまふれ**」が謙譲語Ⅱ（丁重語）の補助動詞であることに気づいてほしい（→64ページ）。主語は一人称の「私」つまり、話し手である道成である。よって、②が正解となる。

道成が「長き世の形見」と思っているのは、元々は「狭衣から餞別《せんべつ》として下賜された」扇だが、彼にとっては忘れることのできない苦い思い出となってしまった扇でもある。道成はまだ狭衣とこの女君の関係を知らないのだから、①の「女君が、狭衣に残した遺品」と思うはずはない。①は誤りである。

「**たまはる**」[10]は、本来は「受く」「もらふ」の謙譲語で、「**いただく・頂戴する**」の意味で用いられた。

---

[10] **たまはる**――中世以降、主格が転換して、「与ふ」の尊敬語「お与えになる・下さる」の意味も出てきた。

また、動詞の連用形、あるいはそれに接続助詞「て」がついた形について、謙譲語の補助動詞となり、「**お…していただく**」の意を表すようになった。

ここは謙譲語の補助動詞であるから、主語は「私＝道成」、客体は「あなた様＝狭衣」、対象は「扇」である。

さらに、「たまはり」と連用形になっているから、下の「なん」は「な＋ん」の助動詞連語である。終助詞「なん（なむ）」ならば、未然形に接続するはずである。

よって、③④⑤は誤りである。

問４ 6 正解は①

> 問　この文章の登場人物についての説明として**適当でないもの**を、次の①〜⑤のうちから一つ選べ。

▼各選択肢を検討していこう。

① 第二段落3行目の構造を見る。形容詞の連用形「心憂く」の下に、心情を表す動詞「思し続け」がついている。実は、ここも心内文と地の文が融合している箇所である。

◎**「なむ」の識別**

1 未然形＋なむ
→誂《あつら》えの終助詞「なむ」

2 連用形＋なむ
→完了の助動詞「ぬ」の未然形と推量の助動詞「む」で構成された「な／む」

3 連体形・体言・副詞・助詞＋なむ
→強意の係助詞「なむ」

4 死なむ
→ナ変動詞の未然形の活用語尾「な」＋推量の助動詞「む」で構成された「死な／む」

（狭衣は）「さまざまにかかりける人々いたづらになしけるも、**昔の世の契り**、心憂く」（と）思し続けられて

「さまざまにかかりける人々いたづらになしけるも」は、**【文章Ⅰ】**の（注4）に「今まで自分と深い関係となった女性たちを不幸にしてしまったのも」とある。そして、それは「昔の世の契り」のせいだと狭衣は思っているのである。「昔の世の**契り**[11]」は「**前世からの因縁・宿縁**」のことである。狭衣はこれらの罪を自分のせいだとはまったく思っていない。よって、①が正解である。

② 第四段落2行目の文構造を分析する。

（狭衣は）この扇のとくゆかしければ、
（狭衣は）端つかたにて月にあてていそぎ見たまふに、
（女君の筆跡と）違ふことなきに、
（狭衣は）目もきりふたがりて、

「目もきりふたがる」とは、「霧で視界が閉ざされる」という意味から「涙があふれて何も見えなくなる」という比喩的意味で使われるようになった。これは正しい。

---

⑪**契り**――動詞「契る」が名詞化したもの。「約束」「前世からの因縁・宿縁」「男女の結びつき・逢《おう》瀬《せ》」という意味。
なお、「前世からの因縁・宿縁」とは、仏教の「因果《いんが》応報《おうほう》」という信仰に基づいた考え方である（因果応報とは、前世の善悪の行為が原因となり、その結果として現在の状態がもたらされることをいう↓139ページ「仏教の思想――『宿《すく》世《せ》』について」）。

③ 第三段落５行目に、「まめやかに恨むる」とある。**問１**の傍線部(イ)でも見てきた通り、道成は真剣に否定していた。これも正しい。

④ **問３**で見てきた通りで、道成は必ず扇を返してほしいと言っていた。これも正しい。

⑤ 第四段落３行目に「げに洗ひやる涙のけしきしるく、あるかなきかなる所々、たどりつつ見ときたまふままに」とある。

「**けしき**」は「**様子・有様**」、形容詞「**しるし**」は「**はっきりしている・顕著だ**」の意味である。「げに洗ひやる涙のけしき」とは「扇に書いた女君の字を洗い流した女君の涙の様子」のことであり、「あるかなきか」という状態になっているのは「女君の涙が洗い流した扇の字面」のことであるから、「その涙が墨を流すほど（女君は）号泣していた」と判断できる。これも正しい。

問５ [7]・[8] 正解は②・⑤（順不同）

問

鎌倉時代前期の歌人藤原定家（一一六二～一二四一年）は、この女君のエピソードを典拠として、次の和歌を詠んでいる。

【文章Ⅱ】

やすらひ(注)に出でにしままの月の影我が涙のみ袖に待てども

（『拾遺愚草』寄月恋）

（注）やすらひに出でにし――ためらいながら出て行ってしまった。

この「やすらひに……」の和歌についての説明として最も適当なものを、次の①～⑥のうちから**二つ**選べ。ただし、解答の順序は問わない。

▼まず、この和歌の構成を分析する。

やすらひ／に／出で／に／し／まま／の／月／の／影。
我／が／涙／のみ／袖／に／待て／ども。

設問中の（注）に「やすらひに出でにし」は「ためらいながら出て行ってしまった」とある。また、「月の影」の「影」⑫は「光」の意味。この和歌を単純に訳してみると、「ためらいながら出て行ってしまい、そのまま姿を消してしまった月の光よ、私の涙だけがこの袖に残り、あなたのことを待っているのだけれど」となり、このままでは具体的な情景は浮かんでこない。

しかし、この和歌を、今回取り上げた『狭衣物語』のエピソードを典拠として

⑫**かげ［影・景／陰・蔭］**――古文の世界では、「光によってできる映像」はすべて「かげ」だった。「光」「映像」そして映像として現れる「姿・形」「面影」、さらに「霊魂」も「かげ」といった。もちろん現在の「影」の意味もある。
また、物理的な「物陰」という意味から、「庇護《ひご》」「おかげ」という意味も派生した。

詠まれた「本説取り」の和歌と考えると、より具体的な情景が浮かび、より明快なストーリーが読み取れることになる。

「本説取り」とは、現代のスピンオフ・ドラマと同様に、ある作品の登場人物を使ったり、場面設定や時間軸などを引き継いだりして、新たな情景を描き出す手法である。そこで、次に和歌の各句に描き出される描写と、『狭衣物語』の本文に描かれる描写を比較して「本説取り」の世界を完成させていこう。

まず、定家の和歌の「やすらひに出でにし」の主語は、第一段落2行目に「言少なにて入りたまひぬ」とある狭衣なのか、それとも、第二段落2行目に「いかに言ひてか、その暁出でけん」とある女君なのか。

【文章Ⅰ】の（注1）に「言葉少なで奥の部屋へお入りになってしまった」とあるが、この場面で狭衣がためらう必然性はない。

一方、「いかに言ひてか、その暁出でけん」は、冒頭の解説文に「乳母にだまされ、道成（＝狭衣の乳母子）に与えられることとなり、女君は狭衣の子を妊娠したまま、筑紫《つくし》行きの船に乗せられてしまう」とあることから、女君が都の自邸から連れ出された時の姿を狭衣が想像したものである。

さらに和歌の「出で／に／し／まま／の」から、それきり再び会っていないことがわかる。つまり、「やすらひに出でにし」の主語は女君で、乳母にだまされ、逡巡《しゅんじゅん》しながらも、乳母に手を引かれ自邸から連れ出される頼りない女の姿が浮か

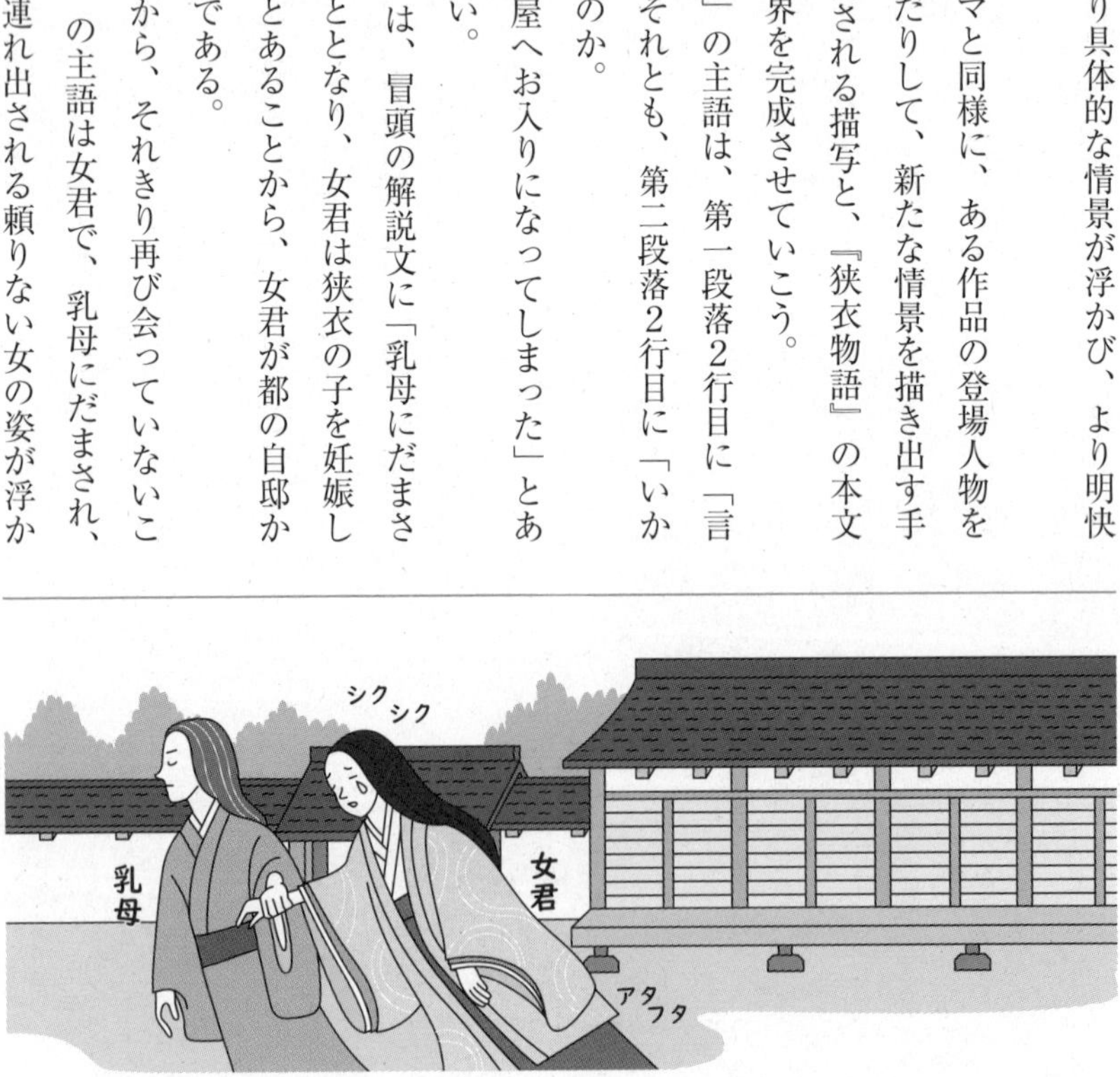

び上がる。よって、①は誤り、②が正解の一つである。

次に、「出で／に／し／まま／の／月／の／影」を検討してみる。

確かに、第四段落の1行目に「月の光も少し朧《おぼろ》なるを、涙にくもるにや」、2行目に「端つかたにて月にあてていそぎ見たまふに」とあるように、狭衣が女君の和歌を見た夜は月の光がぼんやりとしている状況であったし、狭衣はその月の光によって涙ながらに女君の辞世となってしまった歌を見てはいる。

しかし、定家の和歌の「月の影」とは、「やすらひ／に／出で／に／し／まま／の」の連体修飾節の被修飾語となっている。これは入水自殺をして波間に消えた女君の象徴としか考えられない。よって、③④は誤りである。

最後に、下の句、「我／が／涙／のみ／袖／に／待て／ども」で描かれているのは誰のことかを検討する。第四段落3行目に「目もきりふたがりて」とあり、この時狭衣は泣いていた。また、次の文で「げに洗ひやる涙」とあるので、入水を決意した際には女君も泣きながら和歌を書いていたことがわかる。

ここで、定家の和歌の「待てども」に注目しよう。「待つ」ことが可能なのは狭衣と女君のどちらであろうか。

だまされて船上に追いつめられた女君は、もはや誰も何も待つことなどできない。だから、全てを諦め、洋上に身を投じようとしたのである。

かたや、今まで、忽然《こつぜん》と消えた女君の行方を知らなかった狭衣はどうか。

まずは、彼女からの知らせを待ったはずだ。冒頭の解説文で、「狭衣は、京で女君入水の噂を聞き、ただ煩悶《はんもん》するばかりであった」とあるが、それが事実かどうかも確認できず、ただ知らせを待たねばならなかったはずだ。よって、「待てども」の主語は狭衣としか考えられない。よって、⑤がもう一つの正解、⑥は誤りである。

毎夜彼は泣きながら彼女の知らせを待った。その涙は彼女の死を知らされた今も絶えることはない。けれども、彼女の死を知った以上、彼はもう彼女を待つことはできないのである。

このアンビバレンス⑬な狭衣の感情が「涙／のみ／袖／に／待て／ども」と逆接で表現されているのである。「私の涙だけは私の袖に宿り、未来永劫にわたって女君を待つだろう。しかし、もう私は彼女のことを待つことはできないのだけれど」という、打ちひしがれた狭衣の姿を描いているのが、定家の和歌の下の句なのである。

せめて私の涙だけでも
あなたのことを
お待ちします・・・
狭衣

⑬**アンビバレンス**——両価性。愛憎など、相対する感情が共存していること。

重要単語リスト

単語	品詞	意味
□ いみじ	形	1 たいそうすばらしい　2 とてもひどい
□ つれなし	形	1 素知らぬ様子だ・平気な様子だ　2 冷淡だ・冷たい
□ もてなす【持て成す】	動	1 世話をする　2 もてはやす　3 振る舞う
□ げに【実に】	副	1 本当に　2 なるほど
□ おぼろけなり	形動	1 並々でない・通り一遍でない
□ こころ【心】	名	1 気持ち・意志　2 風情　3 事情　4 分別
□ こころづきなし【心付き無し】	形	1 気に入らない　2 不愉快だ
□ ついで【序】	名	1 順序・順番　2 機会・折

単語	品詞	意味
□ おのづから【自ら】	副	1 自然に　2 ひょっとして　3 偶然に
□ むげなり【無下なり】	形動	1 最低だ・まったくひどい
□ おぼつかなし【覚束なし】	形	1 はっきりしない　2 心配だ　3 待ち遠しい
□ くちをし【口惜し】	形	1 残念だ　2 つまらない
□ いたづらなり【徒らなり】	形動	1 役に立たない　2 空《むな》しい
□ またの【又の】	連語	1 翌
□ あり【有り・在り】	動	1 ある・いる　2 生きている　3 無事でいる　4 ［代動詞］お…なさる・…と言う・すばらしい
□ ゆかし	形	1 見たい・聞きたい
□ のたまはす【宣はす】	動	1 おっしゃる

□ あながちなり【強ちなり】	形動	1 強引だ
□ しのぶ【偲ぶ】	動	1 恋い慕う
□ せめて	副	1 切実に 2 無理に 3 せめて…だけでも
□ わぶ【侘ぶ】	動	1 困惑する 2 零落する
□ あさまし【浅まし】	形	1 驚くほどだ・呆れるほどだ
□ まめやかなり【忠実やかなり】	形動	1 真面目だ・本気だ
□ むねあく【胸開く】	連語	1 心が晴れる・すっきりする
□ ながむ【眺む】	動	1 ぼんやりともの思いにふける 2 じっと遠くを見渡す・ながめる
□ わたる【渡る】	動	1 移動する 2 ずっと…し続ける 3 一面に…する
□ はかばかし	形	1 しっかりしている 2 はきはきしている 3 てきぱきしている 4 きちんとしている

□ しるし【著し】	形	1 はっきりしている・顕著だ 2 「[A]もしるく、Ⓐ」[A]だと思っていたが、予想通りⒶだ
□ いまは【今は】	連語	1 今となってはもう 2 最後 3 臨終
□ ありさま【有り様】	名	1 姿・様子 2 態度 3 身分

知識の総整理

◆仏教の思想――「宿世《すくせ》」について

「**宿世**」とは「**前世からの因縁**」つまり「**宿縁・宿命**」のことである。

仏教の思想では、生きとし生けるもの全ては、「この世（現世）」「先の世（前世）」「後の世（来世）」を**輪廻転《りんねてん》生《しょう》**し続けるという。現世は「**仮の世**」で、一切万物は生《しょう》滅流転《めつるてん》し、常住《じょうじゅう》ではない。これを「**無常《むじょう》**」という。「無常」という言葉は、転じて「**人生のはかなさ**」さらに「**死**」をも意味するようになった。

前世の「因《いん》（原因）」が「縁《えん》」という法則に基づいて、現世で「果《か》（結果）」「報《ほう》（報《むく》い）」となって現れる（因果《いんが》応報《おうほう》）。この個人では**どうにもならない運命のことを**「**宿世**」といった。

「それは、『諦めの思想』だ！　自分の人生は、自分で決めて、自分で手に入れる」などと思う頑張り屋さんもいると思う。しかし、頑張って頑張り抜いても、どうにもならないことが、この世界には存在する。

考えて努力する人は美しいし、強い。全てを他者のせいにして何もしない人は醜いし、弱い。けれど、この世の全てが自分の思い通りになると思うのは、もっと醜く、脆《もろ》い。

自分の他にも多くの人たちが、様々な思いを抱えて生

前世
因
食べ物をそまつにする
○○した方がいいですよ
人の言うことを聞かない
プイッ
馬耳東風
今の自分がさえないのは前世の行いが悪かったからにちがいない…
失恋ばかり…
出世できない…
果
現世

きている。自分で考えて努力するのは大事なことだけれど、同時に多くの人たちが生きているこの世で自分の願いを全てかなえるのは不可能だし、利己的すぎる。

自分ではどうにもならない悲哀《ひあい》に遭遇したら、人はどうしたらいいのか？　投げやりになってはいけない。全てを諦めてもいけない。そんな時は、負の打撃をいったん「判断留保」にしないといけない。「今のダメージは仕方がない。これも『宿世』だ！」と考えるのは、不健康なことではないと思う。

一人の人間の知性で判断できる領域は恐ろしく狭い。人為的現象だけでもそうだ。ましてや、自然災害さらには全宇宙規模の自然現象など人間の知性で理解できることなどほんのわずかだ。

誰にでも、解決策を模索しようとしても見つからず、ただ虚しく苦悩を増すだけの時というのがある。そんな時は、そこでいったん判断を留保（epokhē《エポケー》）すべきだ。そんな思考システムとしての方便が、**「宿世」を観じる**ということだと思うのである。

巻末付録

助動詞一覧表

種類	意味	基本形	未然形	連用形	終止形	連体形	已然形	命令形	活用の型	接続
自発・可能・受身・尊敬	自発・可能	る	れ	れ	る	るる	るれ	○	下二段型	四段・ナ変・ラ変の未然形
		らる	られ	られ	らる	らるる	らるれ	○		右以外の動詞の未然形
	受身・尊敬	る	れ	れ	る	るる	るれ	れよ		四段・ナ変・ラ変の未然形
		らる	られ	られ	らる	らるる	らるれ	られよ		右以外の動詞の未然形
使役・尊敬	使役・尊敬	す	せ	せ	す	する	すれ	せよ		四段・ナ変・ラ変の未然形
		さす	させ	させ	さす	さする	さすれ	させよ		右以外の動詞の未然形
		しむ	しめ	しめ	しむ	しむる	しむれ	しめよ		用言の未然形
過去（回想）	過去	き	（せ）	○	き	し	しか	○	特殊型	活用語の連用形（カ変・サ変には未然形にも）
	気づき・詠嘆・過去	けり	○	○	けり	ける	けれ	○	ラ変型	
完了	確述（完了・強意）	つ	て	て	つ	つる	つれ	てよ	下二段型	活用語の連用形
		ぬ	な	に	ぬ	ぬる	ぬれ	ね	ナ変型	
	存続・完了	たり	たら	たり	たり	たる	たれ	たれ	ラ変型	
		り	ら	り	り	る	れ	れ		四段動詞の已然形 サ変動詞の未然形
推量・意志など	推量・意志・適当・勧誘・仮定・婉曲	む（ん）	○	○	む（ん）	む（ん）	め	○	四段型	活用語の未然形
		むず（んず）	○	○	むず（んず）	むずる（んずる）	むずれ（んずれ）	○	サ変型	
	反実仮想・ためらい・推量	まし	ませ ましか	○	まし	まし	ましか	○	特殊型	

	当然・意志・可能・義務・適当・命令・推量	べし	べから	べく べかり	べし	べき べかる	べけれ	○	形容詞型	活用語の終止形（ラ変型の語には連体形）
現在推量	現在の推量・現在の原因推量・現在の伝聞・婉曲	らむ（らん）	○	○	らむ（らん）	らむ（らん）	らめ	○	四段型	活用語の終止形（ラ変型の語には連体形）
過去推量	過去の推量・過去の原因推量・過去の伝聞・婉曲	けむ（けん）	○	○	けむ（けん）	けむ（けん）	けめ	○	四段型	活用語の連用形
推定	推定	らし	○	○	らし	らし	らし	○	特殊型	活用語の終止形（ラ変型の語には連体形）
推定	推定・婉曲	めり	○	（めり）	めり	める	めれ	○	ラ変型	活用語の終止形（ラ変型の語には連体形）
伝聞・推定	推定・伝聞	なり	○	（なり）	なり	なる	なれ	○	ラ変型	活用語の終止形（ラ変型の語には連体形）
打消	打消	ず	ざら	ず ざり	ず	ぬ ざる	ね ざれ	ざれ	特殊型	活用語の未然形
打消推量	打消推量・打消意志	じ	○	○	じ	じ	じ	○	特殊型	活用語の未然形
打消推量	打消推量・打消意志・不可能・不適当・打消当然・禁止	まじ	まじから	まじく まじかり	まじ	まじき まじかる	まじけれ	○	形容詞型	活用語の終止形（ラ変型の語には連体形）
断定	断定・存在	なり	なら	なり に	なり	なる	なれ	（なれ）	形容動詞型	体言・準体言・いくつかの副詞
断定	断定	たり	たら	たり と	たり	たる	たれ	たれ	形容動詞型	体言
希望	希望（願望）	まほし	まほしから	まほしく まほしかり	まほし	まほしき まほしかる	まほしけれ	○	形容詞型	動詞・助動詞の未然形
希望	希望（願望）	たし	たから	たく たかり	たし	たき たかる	たけれ	○	形容詞型	動詞・助動詞の連用形
比況	比況・例示	ごとし	○	ごとく	ごとし	ごとき	○	○	形容詞型	体言・活用語の連体形・助詞の「の」「が」

東進 共通テスト実戦問題集 国語〔古文〕

発行日：2021年 10月 4日　初版発行
2024年 12月13日　第 4 版発行

著者：**栗原隆**
発行者：**永瀬昭幸**
発行所：株式会社ナガセ
〒180-0003 東京都武蔵野市吉祥寺南町 1-29-2
出版事業部（東進ブックス）
TEL：0422-70-7456 ／ FAX：0422-70-7457
URL：http://www.toshin.com/books/（東進WEB書店）
※本書を含む東進ブックスの最新情報は東進WEB書店をご覧ください。

編集担当：中島亜佐子

編集協力・図版制作・
本文デザイン・DTP：大橋直文（はしプロ）
解説本文イラスト：新谷圭子
デザイン・装丁：東進ブックス編集部
制作協力：伊奈裕貴 笠原彩叶 村山恵理子 山田未来
印刷・製本：シナノ印刷株式会社

ISBN978-4-89085-878-1 C7381

東進ブックス

編集部より

この本を読み終えた君にオススメの3冊！

共通テスト「現代文」対策の問題集。オリジナル問題を5回分収録。東進実力講師のワンポイント解説動画付きで、共通テスト対策はバッチリ!

共通テストと同じ形式・レベルのオリジナル問題を5回分収録した共通テスト「漢文」対策の問題集。東進実力講師のワンポイント解説動画付き!

「講義」だから単語の意味がよくわかる!　入試頻出の古文単語370語を、豊富な図版とイラストでどこよりも詳しく解説。共通テストから難関大まで完全対応!

体験授業

※1講座(90分×1回)を受講できます。
※お電話でご予約ください。
　連絡先は付録7ページをご覧ください。
※お友達同士でも受講できます。

この本を書いた講師の授業を受けてみませんか？

東進では有名実力講師陣の授業を無料で
体験できる『体験授業』を行っています。
「わかる」授業、「完璧に」理解できるシステム、
そして最後まで「頑張れる」雰囲気を
実際に体験してください。

栗原隆先生の主な担当講座

「大学入学共通テスト対策 古文」など

東進の合格の秘訣が次ページに

合格の秘訣1

全国屈指の実力講師陣

東進の実力講師陣 数多くのベストセラー参考書を執筆!!

東進ハイスクール・東進衛星予備校では、そうそうたる講師陣が君を熱く指導する!

本気で実力をつけたいと思うなら、やはり根本から理解させてくれる一流講師の授業を受けることが大切です。東進の講師は、日本全国から選りすぐられた大学受験のプロフェッショナル。何万人もの受験生を志望校合格へ導いてきたエキスパート達です。

英語

雑誌『TIME』やベストセラーの翻訳も手掛け、英語界でその名を馳せる実力講師。

宮崎 尊先生 [英語]

爆笑と感動の世界へようこそ。「スーパー速読法」で難解な長文も速読即解!

渡辺 勝彦先生 [英語]

100万人を魅了した予備校界のカリスマ。抱腹絶倒の名講義を見逃すな!

今井 宏先生 [英語]

本物の英語力をとことん楽しく!日本の英語教育をリードするMr.4Skills.

安河内 哲也先生 [英語]

関西の実力講師が、全国の東進生に「わかる」感動を伝授。

慎 一之先生 [英語]

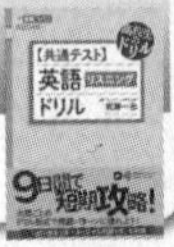

全世界の上位5%(PassA)に輝く、世界基準のスーパー実力講師!

武藤 一也先生 [英語]

いつのまにか英語を得意科目にしてしまう、情熱あふれる絶品授業!

大岩 秀樹先生 [英語]

数学

明快かつ緻密な講義が、君の「自立した数学力」を養成する!

寺田 英智先生 [数学]

「ワカル」を「デキル」に変える新しい数学は、君の思考力を刺激し、数学のイメージを覆す!

松田 聡平先生 [数学]

論理力と思考力を鍛え、問題解決力を養成。多数の東大合格者を輩出!

青木 純二先生 [数学]

数学を本質から理解し、あらゆる問題に対応できる力を与える珠玉の名講義!

志田 晶先生 [数学]

国語

ビジュアル解説で古文を簡単明快に解き明かす実力講師。
富井 健二先生
[古文]

東大・難関大志望者から絶大なる信頼を得る本質の指導を追究。
栗原 隆先生
[古文]

明快な構造板書と豊富な具体例で必ず君を納得させる！「本物」を伝える現代文の新鋭。
西原 剛先生
[現代文]

「脱・字面読み」トレーニングで、「読む力」を根本から改革する！
輿水 淳一先生
[現代文]

文章で自分を表現できれば、受験も人生も成功できますよ。「笑顔と努力」で合格を！
石関 直子先生
[小論文]

小論文、総合型、学校推薦型選抜のスペシャリストが、君の学問センスを磨き、執筆プロセスを直伝！
正司 光範先生
[小論文]

幅広い教養と明解な具体例を駆使した緩急自在の講義。漢文が身近になる！
寺師 貴憲先生
[漢文]

縦横無尽な知識に裏打ちされた立体的な授業に、グングン引き込まれる！
三羽 邦美先生
[古文・漢文]

理科

「いきもの」をこよなく愛する心が君の探究心を引き出す！生物の達人。
飯田 高明先生
[生物]

「なぜ」をとことん追究し「規則性」「法則性」が見えてくる大人気の授業！
立脇 香奈先生
[化学]

化学現象を疑い化学全体を見通す“伝説の講義”は東大理三合格者も絶賛。
鎌田 真彰先生
[化学]

正しい道具の使い方で、難問が驚くほどシンプルに見えてくる！
宮内 舞子先生
[物理]

地歴公民

世界史を「暗記」科目だなんて言わせない。正しく理解すれば必ず伸びることを一緒に体感しよう。
加藤 和樹先生
[世界史]

“受験世界史に荒巻あり”と言われる超実力人気講師！世界史の醍醐味を。
荒巻 豊志先生
[世界史]

つねに生徒と同じ目線に立って、入試問題に対する的確な思考法を教えてくれる。
井之上 勇先生
[日本史]

歴史の本質に迫る授業と、入試頻出の「表解板書」で圧倒的な信頼を得る！
金谷 俊一郎先生
[日本史]

「今」を知ることは「未来」の扉を開くこと。受験に留まらず、目標を高く、そして強く持て！
執行 康弘先生
[公民]

政治と経済のメカニズムを論理的に解明しながら、入試頻出ポイントを明確に示す。
清水 雅博先生
[公民]

わかりやすい図解と統計の説明に定評。
山岡 信幸先生
[地理]

どんな複雑な歴史も難問も、シンプルな解説で本質から徹底理解できる。
清水 裕子先生
[世界史]

※書籍画像は2024年10月末時点のものです。

合格の秘訣2

ココが違う　東進の指導

01　人にしかできないやる気を引き出す指導

夢と志は志望校合格への原動力！

東進では、将来を考えるイベントを毎月実施しています。夢・志は大学受験のその先を見据える、学習のモチベーションとなります。仲間とワクワクしながら将来の夢・志を考え、さらに志を言葉で表現していく機会を提供します。

夢・志を育む指導

受験は団体戦！仲間と努力を楽しめる

東進ではチームミーティングを実施しています。週に1度学習の進捗報告や将来の夢・目標について語り合う場です。一人じゃないから楽しく頑張れます。

チーム制

一人ひとりを大切に君を個別にサポート

東進が持つ豊富なデータに基づき君だけの合格設計図をともに考えます。熱誠指導でどんな時でも君のやる気を引き出します。

担任指導

現役合格者の声

東京大学　文科一類
中村　誠雄くん
東京都　私立　駒場東邦高校卒

林修先生の現代文記述・論述トレーニングは非常に良質で、大いに受講する価値があると感じました。また、担任指導やチームミーティングは心の支えでした。現状を共有でき、話せる相手がいることは、東進ならではで、受験という本来孤独な闘いにおける強みだと思います。

02　人間には不可能なことをAIが可能に

学力×志望校一人ひとりに最適な演習をAIが提案！

東進のAI演習講座は2017年から開講していて、のべ100万人以上の卒業生の、200億題にもおよぶ学習履歴や成績、合否等のビッグデータと、各大学入試を徹底的に分析した結果等の教務情報をもとに年々その精度が上がっています。2024年には全学年にAI演習講座が開講します。

AI演習

AI演習講座ラインアップ

高3生　苦手克服＆得点力を徹底強化！

「志望校別単元ジャンル演習講座」
「第一志望校対策演習講座」
「最難関4大学特別演習講座」

高2生　大学入試の定石を身につける！

「個人別定石問題演習講座」

高1生　素早く、深く基礎を理解！

「個人別基礎定着問題演習講座」　2024年夏 新規開講

現役合格者の声

千葉大学　医学部医学科
寺嶋　伶旺くん
千葉県立　船橋高校卒

高1の春に入学しました。野球部と両立しながら早くから勉強をする習慣がついていたことは僕が合格した要因の一つです。「志望校別単元ジャンル演習講座」は、AIが僕の苦手を分析して、最適な問題演習セットを提示してくれるため、集中的に弱点を克服することができました。

東進で勉強したいが、近くに校舎がない君は…

東進ハイスクール
在宅受講コースへ

「遠くて東進の校舎に通えない……」。そんな君も大丈夫！ 在宅受講コースなら自宅のパソコンを使って勉強できます。ご希望の方には、在宅受講コースのパンフレットをお送りいたします。お電話にてご連絡ください。学習・進路相談も随時可能です。

0120-531-104

03 本当に学力を伸ばすこだわり

楽しい！わかりやすい！そんな講師が勢揃い

わかりやすいのは当たり前！おもしろくてやる気の出る授業を約束します。1・5倍速×集中受講の高速学習。そして、12レベルに細分化された授業を組み合わせ、スモールステップで学力を伸ばす君だけのカリキュラムをつくります。

実力講師陣

本番レベル・スピード返却学力を伸ばす模試

常に本番レベルの厳正実施。合格のために何をすべきか点数でわかります。WEBを活用し、最短中3日の成績表スピード返却を実施しています。

東進模試

英単語1800語を最短1週間で修得！

基礎・基本を短期間で一気に身につける「高速マスター基礎力養成講座」を設置しています。オンラインで楽しく効率よく取り組めます。

高速マスター

パーフェクトマスターのしくみ

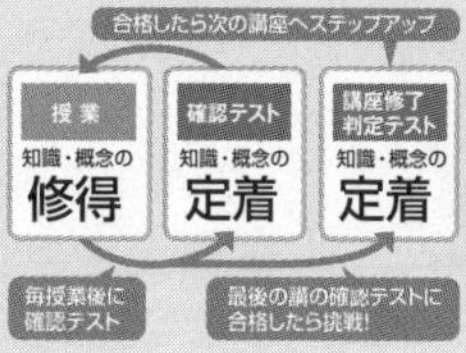

現役合格者の声

早稲田大学 基幹理工学部
津行 陽奈さん
神奈川県 私立 横浜雙葉高校卒

私が受験において大切だと感じたのは、長期的な積み重ねです。基礎力をつけるために「高速マスター基礎力養成講座」や授業後の「確認テスト」を満点にすること、模試の復習などを積み重ねていくことでどんどん合格に近づき合格することができたと思っています。

ついに登場！

君の高校の進度に合わせて学習し、定期テストで高得点を取る！

高校別対応の個別指導コース

目指せ!「定期テスト」
20点アップ!
学年順位も急上昇!!

楽しく、集中が続く、授業の流れ

1.導入

授業の冒頭では、講師と担任助手の先生が今回扱う内容を紹介します。

2.授業

約15分の授業でポイントをわかりやすく伝えます。要点はテロップでも表示されるので、ポイントがよくわかります。

3.まとめ

授業が終わったら、次は確認テスト。その前に、授業のポイントをおさらいします。

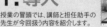

東進模試

申込受付中

※お問い合わせ先は付録7ページをご覧ください。

学力を伸ばす模試

本番を想定した「厳正実施」
統一実施日の「厳正実施」で、実際の入試と同じレベル・形式・試験範囲の「本番レベル」模試。
相対評価に加え、絶対評価で学力の伸びを具体的な点数で把握できます。

12大学のべ42回の「大学別模試」の実施
予備校界随一のラインアップで志望校に特化した"学力の精密検査"として活用できます(同日・直近日体験受験を含む)。

単元・ジャンル別の学力分析
対策すべき単元・ジャンルを一覧で明示。学習の優先順位がつけられます。

最短中5日で成績表返却
WEBでは最短中3日で成績を確認できます。※マーク型の模試のみ

合格指導解説授業
模試受験後に合格指導解説授業を実施。重要ポイントが手に取るようにわかります。

2024年度

東進模試 ラインアップ

共通テスト対策
- 共通テスト本番レベル模試 …… 全4回
- 全国統一高校生テスト〈全学年統一部門〉〈高2生部門〉〈高1生部門〉 …… 全2回

同日体験受験
- 共通テスト同日体験受験 …… 全1回

記述・難関大対策
- 早慶上理・難関国公立大模試 全5回
- 全国有名国公私大模試 …… 全5回
- 医学部82大学判定テスト …… 全2回

基礎学力チェック
- 高校レベル記述模試〈高2〉〈高1〉 …… 全2回
- 大学合格基礎力判定テスト …… 全4回
- 全国統一中学生テスト〈全学年統一部門〉〈中2生部門〉〈中1生部門〉 …… 全2回
- 中学学力判定テスト〈中2生〉〈中1生〉 …… 全4回

※2024年度に実施予定の模試は、今後の状況により変更する場合があります。
最新の情報はホームページでご確認ください。

大学別対策
- 東大本番レベル模試 …… 全4回
- 高2東大本番レベル模試 全4回
- 京大本番レベル模試 …… 全4回
- 北大本番レベル模試 …… 全2回
- 東北大本番レベル模試 …… 全2回
- 名大本番レベル模試 …… 全3回
- 阪大本番レベル模試 …… 全3回
- 九大本番レベル模試 …… 全3回
- 東工大本番レベル模試[第1回] 東京科学大本番レベル模試[第2回] 全2回
- 一橋大本番レベル模試 …… 全2回
- 神戸大本番レベル模試 …… 全2回
- 千葉大本番レベル模試 …… 全1回
- 広島大本番レベル模試 …… 全1回

同日体験受験
- 東大入試同日体験受験 全1回
- 東北大入試同日体験受験 …… 全1回
- 名大入試同日体験受験 全1回

直近日体験受験 …… 各1回
- 京大入試 直近日体験受験
- 北大入試 直近日体験受験
- 阪大入試 直近日体験受験
- 九大入試 直近日体験受験
- 東京科学大入試 直近日体験受験
- 一橋大入試 直近日体験受験

※2024年4月現在